会社を守る！

「社長」だったら知っておくべき
「ビジネス法務」

弁護士 初澤 寛成／弁護士 大久保 映貴 著

本書内容に関するお問い合わせについて

このたびは翔泳社の書籍をお買い上げいただき、誠にありがとうございます。弊社では、読者の皆様からのお問い合わせに適切に対応させていただくため、以下のガイドラインへのご協力をお願い致しております。下記項目をお読みいただき、手順に従ってお問い合わせください。

◉ご質問される前に

弊社 Web サイトの「正誤表」をご参照ください。これまでに判明した正誤や追加情報を掲載しています。

　　　正誤表　　http://www.shoeisha.co.jp/book/errata/

◉ご質問方法

弊社 Web サイトの「刊行物 Q&A」をご利用ください。

　　　刊行物 Q&A　　http://www.shoeisha.co.jp/book/qa/

インターネットをご利用でない場合は、FAX または郵便にて、下記 "翔泳社 愛読者サービスセンター" までお問い合わせください。
電話でのご質問は、お受けしておりません。

◉回答について

回答は、ご質問いただいた手段によってご返事申し上げます。ご質問の内容によっては、回答に数日ないしはそれ以上の期間を要する場合があります。

◉ご質問に際してのご注意

本書の対象を越えるもの、記述個所を特定されないもの、また読者固有の環境に起因するご質問等にはお答えできませんので、予めご了承ください。

◉郵便物送付先および FAX 番号

　　　送付先住所　　〒160-0006　東京都新宿区舟町 5
　　　FAX 番号　　　03-5362-3818
　　　宛先　　　　　(株)翔泳社 愛読者サービスセンター

※本書に記載された URL 等は予告なく変更される場合があります。
※本書は、本文等に特段の記載がない限り、平成 28 年 7 月 1 日時点の法令・通達等に基づいて執筆しています。
※本書の出版にあたっては正確な記述につとめましたが、著者や出版社などのいずれも、本書の内容に対してなんらかの保証をするものではなく、内容やサンプルに基づくいかなる運用結果に関してもいっさいの責任を負いません。
※本書では™、®、©は割愛させていただいております。

はじめに

　本書は、主に中小企業の社長・経営者、総務部長、1年目の法務部員の方々向けに、ビジネス法務において注意しておくべき法律問題の勘所を感じてもらうことをコンセプトに執筆しました。そのため、法律知識がなくても楽に読み進めることができるよう、工夫したつもりです。

　ビジネスにおける法務リスクは、企業を取り巻くステークホルダー（企業と利害関係を有する個人や法人のことをいいます）－取引先・従業員・株主・消費者・社会・後継者・行政－ごとに注意すべき法律が異なります。そこで、本書では、ステークホルダーごとの法律関係に焦点を当てて、注意すべき法律問題を論じています。また、本書を執筆するにあたっては、企業法務に従事する弁護士が実際にクライアント様から受けたご相談をもとにしています。そのため、「こういったことはうちの会社でもあるな」とか、「こういう問題が実際に生じるんだな、気を付けよう」等ということに気付いていただけると思います。
　本書が企業経営の一助となれば、執筆者にとって望外の喜びです。

　最後に、本書を執筆するにあたり、ご協力いただいたすべての皆さんにこの場を借りて厚く御礼申し上げます。

平成28年8月　弁護士　初澤 寛成
弁護士　大久保 映貴

本書を読むポイント
～法務リスクと企業を取り巻くステークホルダー～

企業は、下の図のように、多くの会社や個人（ステークホルダー）と関わり合いながら、企業活動を行っています。この関わりというのが法律関

第1章　取引先とのトラブルを回避するための法律知識
　企業同士の取引では、取引を規制する下請法等があり、それらの法律に反しない限り、基本的に取引内容を自由に決めることができます。そのため、取引条件の決め方や約束が守られないときの対処法等が勘所です。

第7章
税務調査の対象となったら必要になる法律知識
　税務調査では、過去の申告内容が調査されますので、調査対象期間の資料を準備し、資料内容を説明できるようにすることが勘所です。また、税務署の指摘について専門家と検討することも重要です。

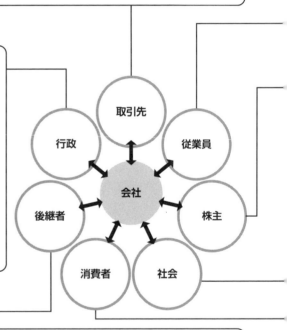

第6章　事業承継に必要な法律知識
　事業承継は、後継者の選定と株式等財産の承継に要する資金調達、親族に承継する場合には相続税対策が重要項目で、いかに早く承継計画を立案して、これらの事項を準備するかが勘所です。

係であり、法律関係ごとに発生する法的トラブルも異なります。また、取引先や消費者等、どことの法律関係なのかによって適用される法律が異なります。そのため、今やろうとしていることが「どこ」との法律関係であるのかを意識することが、法的トラブルを防ぐ最も重要な勘所になります。

第2章　従業員とのトラブルを回避するための法律知識

従業員との法律関係は、労働者を保護する労働基準法等、労働法が規律しています。賃金、懲戒処分や解雇といったトラブルの多い類型について、どこまで労働者が保護されているかが勘所です。

第3章　株主とのトラブルを回避するための法律知識

株主や役員等との法律関係は、会社法によります。会社法は、会社の基礎的かつ重要な事項を定めています。会社の基礎事項や重要事項に関わることを行う場合には、会社法を確認するというのが勘所です。

第4章　社会とのトラブルを回避するための法律知識

企業は、経済的活動に関して他社・社会の利益を損なうような行為に対して法による規律を受けています。他社の利益を害して自社が利益を得る、またその逆の場合には、経済や知的財産等に関する法を検討するのが勘所です。

第5章　消費者とのトラブルを回避するための法律知識

企業と消費者との法律関係は、消費者保護を目的として、消費者契約法等の規制があります。そのため、どの範囲で消費者保護を図る必要があるのかを意識することが法務リスク回避の勘所です。

目　次

はじめに ………………………………………………………………………… 3
本書を読むポイント …………………………………………………………… 4
本書の内容、掲載法令・裁判例等の表記について ………………………… 14

第 1 章　取引先とのトラブルを回避するための法律知識 ……… 15

1-1　口約束でも契約は成立！契約書でトラブルを防止！！ ………………… 16
そもそも、契約って何だろう？ ……………………………………………… 17
トラブル防止のために契約書は必要不可欠 ………………………………… 18
契約書を作成するときに注意しておくこと ………………………………… 20

1-2　契約書を有効活用するための読み方と作り方 ………………………… 22
契約書は「あればいい」というものではありません ……………………… 23
契約書の確認ポイント ………………………………………………………… 24

1-3　秘密保持契約書を安易に締結するのは危険です ……………………… 28
秘密保持契約書の概要と締結の目的とは …………………………………… 29
秘密保持契約書の確認ポイント ……………………………………………… 29
秘密保持契約書に定められるその他の規定について ……………………… 32
契約書方式と差入方式、どちらも秘密保持義務あり ……………………… 32

1-4　インターネットで商品を売る場合も「意思の一致」が重要です …… 36
インターネット取引の普及と普及に伴う問題点 …………………………… 37
電子契約は「電子契約法」で決められています …………………………… 37
事業者は電子契約法と特定商取引法で規制 ………………………………… 38
サイト利用規約を利用するにも意思の一致が必要です …………………… 40

1-5　債権回収には公正証書の作成が有効です ……………………………… 42
契約書の内容を実現するためには裁判が必要です ………………………… 43
公正証書で、裁判をせずに強制執行が可能です …………………………… 43
強制執行するには一定の要件が必要です …………………………………… 44

1-6　債権を回収する最終手段は裁判を起こしての強制執行です ……… **48**
債権を回収しなければ売上は上がりません ……………………………… 50
訴訟の提起と支払督促の流れ ………………………………………………… 50
重要！債権回収には取引先の財務状態を確認！！ ……………………… 52

1-7　売掛金債権の時効を防ぐ「時効の中断」とは ………………… **57**
売掛金債権には時効があります …………………………………………… 57
時効にかからせないためには ……………………………………………… 59
民法改正法案 ……………………………………………………………………… 60

1-8　内容証明郵便が届いたら慌てず事実確認を …………………… **62**
内容証明を受け取っても慌てる必要はありません ……………………… 63
瑕疵担保責任とは ……………………………………………………………… 66
瑕疵による紛争を防ぐための契約書上の記載方法 ……………………… 68

1-9　下請契約で発注後の値引きはご法度！ ………………………… **70**
下請事業者を守るための法律が下請法です ……………………………… 71
下請法では取引内容と資本金の額に注意します ………………………… 71
親事業者には４つの義務が課されます …………………………………… 72
親事業者の11の禁止事項とは ……………………………………………… 74

1-10　オフィスビルを借りるときのポイント！契約期間とその種類 ……… **78**
賃貸借契約期間の多くは自動更新。定期借家契約も …………………… 79
敷金は建物を返還するまで返ってきません ……………………………… 81
保証金の趣旨は様々。契約の際に内容の確認を！ ……………………… 82
賃料減額が可能なときもあります ………………………………………… 82

1-11　オフィスビル退去時のポイント！原状回復は借主負担です ……… **84**
賃貸借契約の終了には書面による通知が必要です ……………………… 85
オフィスビルの原状回復には注意が必要です …………………………… 88
立退料の算定で重要なのは営業補償です ………………………………… 89

第 2 章　従業員とのトラブルを回避するための法律知識 ……… 91

2-1　残業代は「労働時間」に対して支払います ……………………… 92
法定労働時間を超えた場合に割増賃金が発生します ……………… 93
どのような場合に労働時間と評価できるか ………………………… 95
残業を事前許可制にし、その運用をしっかりと …………………… 96

2-2　定額残業代制を導入しても、別途残業代が発生することがあります
　　　………………………………………………………………………… 100
法定労働時間を超えた場合に割増賃金が発生します ……………… 101

2-3　管理職でも残業代を支払う必要があることがあります …………… 104
管理監督者には労働時間等の規定が適用されません ……………… 105
管理監督者かどうかに肩書は関係ありません ……………………… 105
管理監督者かどうかは総合的に判断します ………………………… 107

2-4　セクハラは会社にも責任があるとされることがあります ………… 108
セクシュアルハラスメントとは ……………………………………… 109
どのような場合にセクハラが不法行為になるのか ………………… 109
加害者の法的責任：損害賠償義務を負います ……………………… 110
会社の法的責任：使用者として責任を負うことも ………………… 110
セクハラへの会社の対応 ……………………………………………… 110
セクハラが起こらないよう、講ずべき措置とは …………………… 111
マタニティハラスメントとは ………………………………………… 111

2-5　パワハラも指導の一環？予防と解決のためのポイント …………… 114
パワーハラスメントとは ……………………………………………… 115
指導の一環としての行為はどうなのか ……………………………… 115
パワハラの法的責任：会社が負うこともあります ………………… 116
パワハラを予防し、解決するには …………………………………… 116

2-6　インターネットの私的利用を理由に解雇できますか？ …………… 120
インターネットの私的利用の問題点 ………………………………… 121
従業員は簡単には解雇できません …………………………………… 122
就業時間中の私語・私用と解雇の関係 ……………………………… 124

インターネットの私的利用の時間も労働時間？？ ……………………… 125

2-7 メンタルヘルス不調者への対応は慎重に ……………… **128**
ストレスチェック制度の導入背景と実施手順 …………………… 129
実施にあたり注意すべき事項 ……………………………………… 129
ストレスチェックはやればいいだけではありません …………… 131
メンタルヘルス不調→無断欠勤でも解雇は慎重に ……………… 131
休職命令を出せるように就業規則の整備を ……………………… 133
休職期間が満了したら、復職できるか慎重に判断 ……………… 133

2-8 従業員の懲戒処分は就業規則と手続が重要です ……… **136**
条件を満たさない限り、懲戒処分はできません ………………… 136
従業員の言い分は聞かなくてもよい？ …………………………… 138

2-9 退職する従業員の同業者への転職防止は「誓約書」が効果的です
……………………………………………………………………… **142**
同業者に転職しないよう強制することはできません …………… 143
同業者への転職をやめさせるための「誓約書」とは …………… 143
どんな「誓約書」でも有効というわけではありません ………… 144
同業者への転職をやめさせるための「誓約書」の例 …………… 146
入社時からの対応が必要 …………………………………………… 147

2-10 従業員が逮捕された！懲戒解雇する前に事実確認を！ ……… **150**
従業員が逮捕されても、すぐに解雇するのは危険です ………… 151
まずは事実関係を把握することが重要です ……………………… 151
私生活上の事由をもとにした懲戒等は慎重に …………………… 152

第3章　株主とのトラブルを回避するための法律知識 ……… 153

3-1 株主総会と議事録作成は会社のために必要なものです ……… **154**
面倒でも株主総会の開催は必要です ……………………………… 155
株主総会の決議事項 ………………………………………………… 156
株主総会の決議 ……………………………………………………… 157
株主総会の招集手続 ………………………………………………… 157

株主総会の当日の流れ ……………………………………………………… 159
3-2　取締役会は3か月に1回以上、開催しないといけません ………… 162
　　取締役会は開催頻度が決められています ………………………………… 163
　　取締役会の運営 ……………………………………………………………… 163
　　取締役会の決議方法 ………………………………………………………… 165
　　取締役会の招集手続 ………………………………………………………… 166
3-3　議事録は登記のときだけあればいいものではありません ………… 170
　　議事録を作成することにはきちんと実益があります …………………… 171
　　株主総会の議事録 …………………………………………………………… 172
　　取締役会の議事録 …………………………………………………………… 174
3-4　取締役には特有の注意事項があります ……………………………… 176
　　取締役の役割は取締役会の設置の有無で異なります …………………… 177
　　取締役は勝手に辞められないことがあります …………………………… 178
　　役員報酬：定款に定めるか、株主総会で決めます ……………………… 179
　　取締役の注意事項 …………………………………………………………… 180
3-5　取締役は善管注意義務と監督義務を負います ……………………… 184
　　会社と契約し、その契約関係で義務を負います ………………………… 184
　　株主代表訴訟（株主による責任追及等の訴え）とは …………………… 186
　　取締役の第三者に対する責任について …………………………………… 187
3-6　譲渡制限株式を譲渡するには会社の承認が必要です ……………… 188
　　株式譲渡の制限は定款で定める必要があります ………………………… 189
　　譲渡制限株式の譲渡承認の手続について ………………………………… 190
　　譲渡を承認しない場合の対応 ……………………………………………… 191
　　相続人に対する売渡請求について ………………………………………… 192

第4章　社会とのトラブルを回避するための法律知識 ……… 195
4-1　偽物（粗悪品）の販売をやめさせるには？ ………………………… 196
　　不正競争防止法はフリーライドを許しません …………………………… 197
　　不正競争防止法の体系 ……………………………………………………… 197

不正競争行為の主な3つの例について ………………………………… 200
　　不正競争行為に対して取り得る方法 …………………………………… 202
　4-2　会社の商標を守るためには商標出願・登録を行いましょう ………… **205**
　　商標法により、ブランド名・ロゴ等は保護されます ………………… 206
　　商標法と不正競争防止法との違いについて …………………………… 207
　　商標登録の手続 …………………………………………………………… 207
　　商標権侵害を発見した場合には ………………………………………… 210
　4-3　社内用の資料のためでも無断コピーは原則禁止です ………………… **213**
　　インターネットの発展と著作権法 ……………………………………… 214
　　著作物と著作権の関係について ………………………………………… 214
　　著作権の制限〜私的使用のための複製と引用〜 ……………………… 215

第5章　消費者とのトラブルを回避するための法律知識 ……… 217

　5-1　事業者の一方的な契約は無効になることがあります ………………… **218**
　　消費者契約法が制定された背景とその目的 …………………………… 219
　　消費者契約法が適用される範囲には注意が必要です ………………… 219
　　消費者には救済方法が用意されています ……………………………… 220
　　「消費者契約の取消し」の具体例 ……………………………………… 220
　　「契約条項が無効となる場合」の具体例 ……………………………… 221
　　適格消費者団体による差止請求のリスクについて …………………… 223
　5-2　大げさなセールストークは禁止されています ………………………… **224**
　　広告は景品表示法により規制されています …………………………… 225
　　不当表示の禁止の具体例 ………………………………………………… 226
　　違反行為には罰則があります …………………………………………… 228
　5-3　通信販売の広告に表示する項目を守りましょう ……………………… **230**
　　特定商取引法は特殊な販売形態を規制しています …………………… 231
　　通信販売の特徴と広告の規制について ………………………………… 231
　　積極的広告規制・特定商取引法に基づく表記 ………………………… 233
　　誇大広告等の禁止 ………………………………………………………… 234

未承諾者に対する電子メール広告の提供の禁止 ･････････････････････････････ 234
　　未承諾者に対するファクシミリ広告の提供の禁止 ･････････････････････････ 234
　　前払式通信販売の承諾等の通知 ･･･ 234
　　契約解除に伴う債務不履行の禁止 ･･･ 235
　　顧客の意に反して申込みをさせる行為の禁止 ･････････････････････････････ 235
　　行政処分・業務停止命令・罰則 ･･･ 235
5-4　クレームと不当要求は区別し、適切に対応しましょう ･･･････････････････ **236**
　　モンスタークレーマーとは ･･･ 237
　　クレームと不当要求は異なります ･･･ 237
　　重要なのは事実関係の確認、ヒアリングの記録化 ･････････････････････････ 238
　　事実関係をもとに対応の方向性を決定します ･････････････････････････････ 238
　　不当要求（モンスタークレーマー）への対応について ･････････････････････ 239
5-5　中小企業にも個人情報保護法は関係しています ･･･････････････････････････ **240**
　　個人情報保護を取り巻く現状と個人情報保護の概要 ･･･････････････････････ 241
　　個人情報・個人データ・保有個人データとは ･････････････････････････････ 242
　　個人情報取扱事業者が遵守すべき義務とは ･･･････････････････････････････ 242
　　匿名加工情報（平成 27 年改正）とは ･･･････････････････････････････････ 244
　　匿名加工情報に関する義務とは ･･･ 244

第 6 章　事業承継に必要な法律知識 ･････････････････････････････････ **247**

6-1　準備はお早めに！今日から始める事業承継 ･･･････････････････････････････ **248**
　　事業承継対策は万全ですか？ ･･･ 249
　　誰に承継すればいいの？ ･･･ 251

6-2　親族に承継する際は早め早めの税金対策を！ ･･･････････････････････････ **252**
　　承継先の親族は？ ･･･ 253
　　後継者を決めたら後継者教育と関係者の理解を ･･･････････････････････････ 253
　　後継者以外の相続人との公平性にも配慮が必要です ･･･････････････････････ 254
　　親族への事業承継で最も重要なポイントとは ･････････････････････････････ 255

6-3　社内の人物に承継する際は株式買取資金の調達がポイント……**258**
　親族外承継は、後継者の年齢も重要な要素……259
　個人の連帯保証と担保の問題について……259
　株式買取資金確保に向け、十分な準備を！……260

6-4　他の会社に事業を承継する際は、専門家との連携が必須………**262**
　他社へ事業を承継する……263
　M&Aによる事業承継の大まかな流れ……263

第7章　税務調査の対象となったら必要になる法律知識……**267**

7-1　税務調査の事前通知が来たら必要書類等の準備を………………**268**
　そもそも、税務調査って何だろう？……269
　税務調査の流れ……270
　税務調査の終了……272

7-2　税務調査の結果に不満だったら①再調査請求を…………………**274**
　更正処分に不服があったら？……275
　再調査請求のスタート……276
　再調査請求の審理及び結果により、審査請求を検討……277

7-3　税務調査の結果に不満だったら②次は審査請求を………………**281**
　再調査決定に不服があったら審査請求を行います……282
　審査請求のスタート……282
　審査請求の審理及び結果について……285

7-4　税務調査の結果に不満だったら③取消訴訟により裁判所で決着！
　………………………………………………………………………………**288**
　審査請求の裁決が不服だったら租税訴訟を……289
　取消訴訟のスタート……289
　取消訴訟の審理及び結果……290

索引……294

本書の内容、掲載法令・裁判例等の表記について

●本書は、本文等に特段の記載のない限り、平成28年7月1日現在の法令・通達等に基づいて執筆しています。

●本書では、一部の法律名に略称を用いて掲載しています（下表参照）。

本書での略称	正式名称
景品表示法	不当景品類及び不当表示防止法
憲法	日本国憲法
個人情報保護法	個人情報の保護に関する法律
下請法	下請代金支払遅延等防止法
男女雇用機会均等法	雇用の分野における男女の均等な機会及び待遇の確保等に関する法律
電子契約法	電子消費者契約及び電子承諾通知に関する民法の特例に関する法律
特定商取引法	特定商取引に関する法律
特定商取引法施行規則	特定商取引に関する法律施行規則

●本書では、裁判例等について下記の略称を用いて掲載しています。

・裁判所
　最…最高裁判所
　高…高等裁判所
　地…地方裁判所

・判決・決定
　判…判決
　決…決定

＜例1＞最判 平成24年4月27日
　　　⇒最高裁判所 判決 平成24年4月27日
＜例2＞東京地判 平成22年10月27日
　　　⇒東京地方裁判所 判決 平成22年10月27日

第 1 章

取引先とのトラブルを回避するための法律知識

～ 契約・債権回収・下請法等 ～

1-1 口約束でも契約は成立！契約書でトラブルを防止！！

事例

当社史上最高の自信作である新製品（販売価格：1,000万円）が完成し、幸先よく注文もとれそうです。ただ、その会社は全くの新規取引先なのに契約書を作ることもなく、ここまで電話だけで話が進んでいます。当社にとっても非常に重要な製品であるため、何かあったらと心配です。電話で話している内容は単なる口約束なので、問題があった場合はあとで取り消すことが可能でしょうか？ それとも、きちんと契約書を作っておくべきなのでしょうか？
また、契約書を作成する場合、ポイントはどこにあるでしょう？

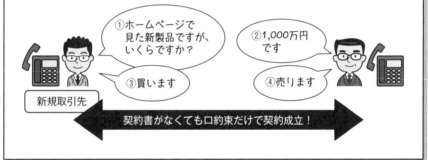

ポイント

- ☑ 契約は口約束でも成立し、必ずしも契約書は必要ありません。
- ☑ 契約書は、トラブルを防止し、証拠となるものです。
- ☑ 契約書の内容は、具体的、かつ、明確にしなくてはなりません。
- ☑ 契約書は、双方が契約書の内容に同意していることを押印等で明らかにする必要があります。

そもそも、契約って何だろう？

　契約という言葉をよく耳にしますが、そもそも契約とは何でしょうか？契約を理解するために、ここでは契約がどのように成立するのか、契約が成立するとどうなるのかという点を説明していきます。

契約の成立ってなんだろう？

　契約というのは、お互いの意思が一致することをいいます。意思の一致というのはわかりにくいので、具体的な場面をイメージしてみましょう。

　冒頭の事例で、社長と新規取引先は、電話で次のような会話をしています。

新規取引先：ホームページで見た新製品ですが、いくらですか？
社長：1,000万円です。
新規取引先：買います。
社長：売ります。

　これで、1,000万円の新製品1個の売買契約が成立します。この場合、契約書は作成されておらず、1,000万円という高額の取引が顔も合わせずに電話だけでポンと成立してしまうのです。ちょっと怖いですね。

　もっと身近な例でいうと、コンビニエンスストアや家電量販店で買い物をするときも契約書は作成しませんが、契約は成立しています。つまり、契約の成立に契約書は必要ありません。

　ここでのポイントをまとめると、**契約は口約束でも成立し、契約書の作成は必要ない**ということです。ただし、保証契約を締結するときは書面で契約を締結する必要がある等（民法第446条第2項）、例外はあるので注意してください。

契約が成立するとどうなるのか？

　契約が成立すると、契約に基づいて、契約をしたそれぞれの人に権利と義務が発生します。権利というのは、契約の相手に対して契約した内容を求めることができることをいいます。義務はその逆で、契約の相手方が求める内容を行わなければならないことをいいます。

　先の事例でいうと、買った人は買った新製品を渡すよう求めること（権利）ができるのに対し、売った人は、新製品を渡さなければなりません（義務）。また、売った人は、1,000万円を払うよう求めること（権利）ができるのに対し、買った人は1,000万円を払わなければなりません（義務）。権利と義務は表裏一体の関係といえます。

　このように、契約すると、契約した人は契約に従わなければなりません。

▶ 図　契約成立後の義務と権利（例）

買った人　　　　　　　　　　　　　　　　売った人

新製品を渡すよう求める権利
新製品を渡す義務

買った人　　　　　　　　　　　　　　　　売った人

1,000万円を払うよう求める権利
1,000万円を払う義務

契約における権利と義務は表裏一体

トラブル防止のために契約書は必要不可欠

　先ほど説明したとおり、契約は口約束でも成立するのに、多くの取引では契約書が作られています。なぜ、契約書を作るのでしょうか？　また、契約書とそれ以外の覚書や合意書等の書面とは何が違うのでしょうか？

📖 企業間で行われる取引は複雑＝契約書でトラブル防止

　契約書を作らなくても契約は成立するのになぜ契約書を作るのかというと、それは、**後々のトラブルを防止するためです。**

　コンビニエンスストアや家電量販店等の場合には、買うものが目の前にあり、その場で商品やお金のやり取りが終わるので、後々トラブルになることはほとんどないと思います。しかし、企業間で行われる取引は、このような単純な取引だけではありません。

　例として、ここでは複雑なソフトウェアを特注で依頼するケースで説明しましょう。このような場合、発注者が求めていた内容と受注者が考えていた内容に食い違いが生じることがあります。希望していた内容を全く満たさないソフトウェアが納品されたけどやり直してもらえない、逆に、当初約束していたソフトウェアを納品したのに何度もやり直しをさせられるといったトラブルが絶えません。ソフトウェアに限らず、機械の発注やコンサルティング等、色々な契約でトラブルが発生しています。

　このようなトラブルを防ぐためにも、**口約束だけで取引を進めていくのではなく、最初にきちんとした契約書を作成すること、途中で仕様や内容が変わった場合には、その変わったあとの内容をきちんと書面にしておくことが重要です。**

📖 書面になっていれば、契約書でも覚書でも効果は同じ

　企業が取引先との間で書面を交わすとき、「契約書」というタイトルの書面を交わすこともあれば、「覚書」「合意書」「確認書」「発注書（注文書）」「請書」というタイトルの書面等、様々な書面があります。

　たまに、「契約書ではなくて覚書だから、拘束力はないんですよね？」といったご相談を受けますが、**覚書でも契約上の効果は発生します。契約の当事者間で合意した内容が書面になっていれば、「契約書」であろうが、「覚書」であろうが、効果は変わりません。**

契約書を作成するときに注意しておくこと

　契約書の重要性はわかっていただけたと思いますので、次に、契約書作成時の注意点を説明します。

ポイント①：契約の内容は明確に！

　ここまでの例で見てきたように、契約をした当事者の間で契約の内容に食い違いが生じることから、トラブルは発生します。したがって、**契約書で最も大切なことは、食い違いが生じないように、契約内容を明確にしておくということです。**

　冒頭の事例で、「新製品を売ります。」「新製品を1,000万円で買います。」だけではどうでしょうか？　新製品がいくつも出ていたり、製品としては1つでも、大きさやカラーが複数用意されていたりする場合には、食い違いが生じてしまいます。型番があれば、「新製品（型番○○）を売ります。」としておけば、食い違いを防ぐことができます。

　代金のほうも同様です。「1,000万円」だけでは、「税込み」なのか「税別」なのか、あとで食い違いが生じます。「1,000万円（税別）で買います。」としておけば、食い違いを防ぐことができます。

　また、支払に関しては、いつ支払うかということも重要です。「末締め翌月末払い」というのがよく行われます。この末締めも、発注日を基準とするのか、それとも納品日を基準とするのかで食い違いが生じてしまいます。

　このような食い違いが生じないように、契約書では、契約の内容を明確にするという意識が大切です。

ポイント②：契約者双方が内容を確認したことを明確に！

　契約書は、双方が契約書の内容に同意していることを明らかにしなければ意味がありません。極端な話、プリンターからプリントアウトされた書面だけでは、一方が勝手にプリントアウトしただけのものだといわれれば、それまでです。

そこで、**押印により双方が同意していることを明らかにします。**契約書の末尾に押印があれば、契約書の内容に同意していたということになります。

　契約書を作成し押印する以外にも、双方が同意していたことを示す方法はあります。たとえばメールです。メールの本文に発注内容を記載し、これに対して先方が発注内容を確認したとの返信をすれば、双方が契約の内容に同意していたことが示されます（この場合、返信する際には送られたメールも引用し、発注内容に同意したことが1つのメールでわかるようにしておくとより適切です）。

ポイント③：複数枚になる場合には一体となるように！

　契約書が複数枚になるときは、ページとページの間に押印するか、製本テープを利用して契約書を冊子の形にし、製本テープと本体にまたがるようにして表裏押印する必要があります。これは、途中のページが差替えられたりしたものではないことを明らかにするために行われます。

　また、一体となっていればいいので、2ページの場合には両面印刷にすれば末尾の押印だけで足りますし、4ページぐらいまでであれば、両面印刷で表に2ページ、裏に2ページとすることにより、一体とすることができます。

▶ 図　契約書は一体となるように作成

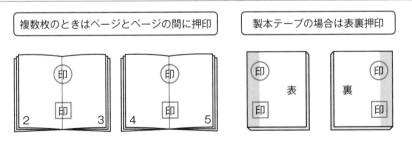

1-2 契約書を有効活用するための読み方と作り方

契約書

事例

当社は、誰もが知っているような有名企業と取引することになりました。当社としては、今後の事業展開を見据えますと、取引をしないというのは考えにくいのですが、取引を開始するにあたり、先方所定の契約書での締結を求められています。

しかし、小難しい言葉や専門的な用語が多く、内容がよくわかりません。当社に不利な内容が書かれているのではないか、想定外のことが書かれているのではないかと不安です。このような場合、どのような点に注意すればいいでしょうか？

ポイント

☑ 契約書は、隅々まで読むようにしましょう。
☑ 契約書は、曖昧な部分をなくし、具体的かつ明確にしましょう。

発注者側
ECサイトの制作をお願いします

● キャンペーン用ECサイトの制作
　パソコン及び携帯端末（タブレット、スマートフォン、携帯電話・ガラケー）に対応・対象商品を掲載
● 納期：20XX年XX月XX日にサイトオープン
● 金1,000万円を支払う

受注者側
いつまでに？
いくらで？
掲載商品数は？
PC対応だけでOK？

☑ 契約書はカテゴリーで整理して内容を理解しましょう。
☑ 取引に関するリスクを把握しましょう。

契約書は「あればいい」というものではありません

「契約の相手から出された契約書にそのままサインしている」「作っておかないとまずそうだからなんとなく契約書を作っている」「ひな形を使い回している」……そんな会社も多いのではないでしょうか。

しかし、それではせっかくの契約書の意味がありません。

流し読みをしてはいけません

大手企業とは契約書を作らないと取引できないから、中身も見ずにサインしてしまう方や、とりあえずざっと目を通しておくという方がいらっしゃいます。そういう方達に共通しているのが、「うちの会社はトラブルになったことがないから大丈夫」という認識です。また、こちらの希望を伝えても、契約書を修正してもらえないという思いもあるようです。

しかし、契約書がもとで、思わぬ落とし穴にはまることがあります。納品物でトラブルになったり、多額の賠償金を負ったりという会社が多数あるのです。さらにいえば、賠償金をせしめる等、気づかないうちに悪意をもった契約書にサインさせられているということもあるかもしれません。相手に「契約書に書いてあるでしょ」といわれて、「読んでいません」というのは通用しません。

このようなことを防ぐためにも、「うちは大丈夫」「契約書はあればよい」という意識ではなく、まずは、契約書を隅々まで確認するようにしましょう。

曖昧なままにしてはいけません

契約書は、当事者が拘束される内容を明確にするとともに、将来万が一紛争となった場合には、紛争を解決するための基準を示す証拠となるものです。小難しい言葉や専門用語が多いから、修正の希望が通らないからといって契約書を理解しないと、拘束される内容や紛争となった場合の見通しが立たず困ってしまいます。

冒頭の事例の場合、先方から提示された契約書案を読んでみて、曖昧に

使用されている語句はないか、趣旨のわからない文章はないか、法律上の意味がわからないところはないか等、まずは内容を確認してみましょう。相手方が有名企業でも、読んでみると、似たような取引で使われている契約書のひな形を当事者に関する部分だけ修正し、提示してくる、というのはよくあることです。このような曖昧な内容の契約書は、できる限り具体的、かつ明確にするようにしましょう。曖昧な語句や趣旨がわからない文章については、相手方担当者とよく擦り合わせを行う。専門的な用語や法律上の意味・効果がわからないところがある場合には、弁護士等の専門家に相談する。このように、契約書の内容を理解することで、将来の見通しを立てることができるのです。確かに、取引先企業によっては、修正の希望が通らないかもしれません。しかし、契約書の内容を理解しておくことで、万が一の賠償責任等、取引上のリスクを把握することができ、非常に有益です。

当事者間できちんと共通認識となっていますか？

　契約書を隅々まで読んで、具体的な内容に修正し、曖昧な部分をなくしました。過不足はありません。よし、これで OK と思っても、まだ注意しなければならないことがあります。それが、業界の独自のルールであったり、独自の用語だったりします。

　同じ業界内での「元請け」「下請け」というような場合であれば、業界のルール・慣習や業界独自の用語の意味について、共通認識となっているので大丈夫でしょう。しかし、業界外の会社と取引をするような場合や個人と取引をする場合等は、共通認識となっていないことがあるので注意が必要です。

契約書の確認ポイント

　皆さんは、「契約書は、小難しい日本語がページいっぱいに並んでいる、読みにくい文書」といったイメージをもたれているかもしれません。確かに、契約書は読みにくいと思います。ですが、「契約書の確認」という観

▶ 図　契約書の内容的なカテゴリー

- カテゴリー①：取引の内容に関する部分
  - こちらがやらなければならない内容
  - 相手にやってもらう内容
- カテゴリー②：対価の支払に関する部分
  - 対価の決め方、対価の支払時期、費用の負担等
- カテゴリー③：取引に伴うリスクに関する部分
  - 損害賠償、解除等
- カテゴリー④：その他一般条項
  - 契約期間（自動更新条項）、不可抗力条項、誠実交渉義務、準拠法、裁判管轄等

点からすると、その内容に応じて、上の図のようにいくつかのカテゴリーに分けることができます。

「どのカテゴリーに属する内容なのか？」という点を意識して読むと、契約書の確認がしやすくなるのではないかと思います。

📖 ポイント①：取引の内容は具体的かつ明確に！

最も重要なのが、取引の内容にかかわる部分です。

発注する側であれば、どのような物を納品してもらうのか、どのようなサービスを提供してもらうのかということについて、可能な限り具体的な内容にするため相手と協議し、きちんと書面化しておく必要があります。

ここがきちんと決められていないと、予定していた納品やサービスの提供が行われておらず、成果物に満足していないのに代金を支払わなければならないということになりかねません。代金を支払っていないのであれば、成果物のやり直しや再提供について交渉の余地がありますが、代金を先払いしてしまっているような場合には、やり直しさせるのにも代金の返還を求めるのにも苦労します。場合によっては、裁判になることもあります。そうなると、多大な時間とコストを要します。

受注者側も同様で、どのようなものを納品しなければならないのか、どのようなサービスを提供しなければならないのか、**可能な限り具体的な内容にするため相手と協議し、きちんと書面化しておく必要があります。**

　ここがきちんと決められていないと、予定していた納品やサービスの提供をしたにもかかわらず、何度もやり直しを求められたり、予定よりも大幅な追加作業を求められたりすることになりかねません。

　しかし、成果物について認識の不一致があることは多く、発注者側からすれば、「予定と違うからやり直しは当たり前であり、追加作業ではなく当初から予定されていた作業に過ぎない」という認識で、代金を支払おうとはしません。すると、受注者側としては、代金の支払を受けるためにやり直しや追加作業が発生して赤字になったり、場合によっては受注者側の契約違反を理由に代金が支払われないという事態にもなりかねません。

　契約の最初から具体的な内容を決められない場合であれば、決まる都度、書面化しておくことが肝要です。

📖 ポイント②：金銭の支払を明確に！

　対価を支払う発注者側、対価の支払を受ける受注者側からしても、金銭の支払は、非常に重要です。

　確定的な金額、たとえば、「金 1,000 万円を支払う」といった場合には、問題になることはあまり多くありません。これとは異なり、**一定の計算式に基づいて金額を算定する場合には注意が必要です。**たとえば、作業代を「1 日あたり○○○○円」と定めたような場合、3 時間しか作業していない場合でも 1 日分なのか、逆に 12 時間も作業をしても 1 日分なのか等、トラブルになることがあります。こうした場合は、たとえば 1 時間単位（切り捨て）で定めたりして回避する等の工夫が必要です。

　また、割引等の減額が発生する場合もトラブルになりがちです。どのような場合にいくら減額するかを、契約書に定めておく必要があります。

　さらに、取引の内容によっては、交通費等の実費が発生することも多々あります。実費を発注者側受注者側のどちらが負担するかは取引の内容によって様々だと思いますので、どちらが負担するのか、また高額な実費が

発生する場合には、相手の承認が必要か等を定めておく必要があります。

📖 ポイント③；リスクに関する内容を正確に！

　発注者側の場合には、金銭の支払が主な義務となりますので、想定できないリスクが発生する可能性というのは一般的に低いといえます。そのため、**多くの場合、取引に伴う想定しがたいリスクを負うのは受注者側になります**。リスクというのは損害賠償です。

　次の図のように、受注者側の責任で取引の目的が達成できなかった場合には、発注者側は、契約の解除と損害の賠償を請求できるようになります。契約の解除だけであれば金銭が支払われないという負担だけですが、損害の賠償となると、どうなるかはわかりません。どこまでの範囲が損害賠償の対象となるのかについて、できる限り具体的に定めておく必要があります。リスクの把握という観点からすると、何かあった場合の損害賠償の金額を固定して、上限を定めておくこともあります。

▶ 図　受注者側に責任があった場合、損害賠償を請求される可能性もある

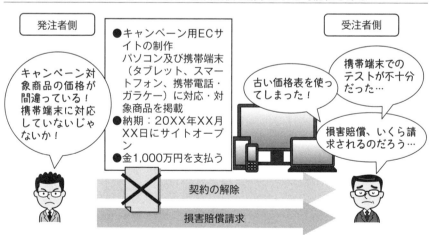

1-3 秘密保持契約書を安易に締結するのは危険です

> **事例**
> 当社は、このたびA社が保有する技術を使用して、A社と共同して新技術を開発するというプロジェクトを立ち上げることとなりました。A社の秘密情報であるA社の技術を使用することになりますので、具体的にプロジェクトを開始するにあたり、A社から秘密保持契約書（NDA）を締結してほしいといわれています。これまではなんとなく締結してきましたが、秘密保持契約書を締結する際のポイントは何でしょうか？

開示する会社 → 秘密情報 → 受領する会社

○○製薬：「当社の最新の研究資料です。秘密情報が含まれますので、NDAの締結をお願いします」

△△基礎化学研究所：「プロジェクトをスムーズに進めるためにも、まずはNDAを締結しないと…」

- ☑ 主に秘密情報を開示する側か、受領する側かを確認しましょう。
- ☑ どのような目的のもと、秘密情報を受領するのかを確認しましょう。
- ☑ どのような情報が秘密情報になるのかを確認しましょう。
- ☑ 秘密保持義務を負う期間を確認しましょう。

秘密保持契約書の概要と締結の目的とは

　秘密保持契約書とは、取引を通じて自社が知り得た相手方の秘密や相手方が知り得た自社の秘密を第三者に無断で開示したり、漏えいしたりしないことをあらかじめ約束するために締結されます。秘密保持契約書はNon-Disclosure Agreement（NDA）といわれたり、Confidential Agreement（CA）といわれたりします。

　秘密保持契約書は、初めての取引先と取引する場合や、共同してプロジェクトを立ち上げるとき等に締結されます。また、最終的に取引関係に入らない場合であっても、ディスカッション（交渉、情報交換等）をするために秘密情報を開示することもありますので、この場合にも、秘密保持契約書を締結するということがあります。

　このように、取引の初期の段階で、秘密保持契約書を締結することがよくあります。

秘密保持契約書の確認ポイント

　秘密保持契約書に書かれている内容は似通っていることが多いため、秘密保持契約書を締結することに関しては安易に考えがちかもしれません。

　しかし、これから述べるように、秘密保持契約書にも見るべきポイントがありますので、ポイントをしっかり確認しておきましょう。

ポイント①：秘密情報を開示する側か、受領する側かを確認！

　自社が秘密情報を提供するのであれば、相手方に厳しく守秘義務を負わせたいですし、自社が秘密情報を受領するのであれば、緩い守秘義務にしておきたいとなるでしょう。

　そこで、まずは**対象となる取引において、自社が秘密情報を提供するほうになるのか、逆に自社が秘密情報を受け取るほうになるのかを確認しておく必要があります**。もちろん、秘密情報を提供する側、受領する側どちらにも当てはまる場合もあり得ます。

📖 ポイント②：秘密情報を開示する目的を確認！

次に、どのような目的のもと、秘密情報を開示するのかを確認します。

たとえば、あるプロジェクトのために開示した秘密情報を相手方が違う目的のために使用してしまったとしたら、秘密情報を開示した企業側は、ビジネス上、重大な影響（損害）を被ってしまうおそれがあります。

そのため、秘密保持契約では多くの場合、「秘密情報を第三者に開示又は漏えいしてはならない」とされるとともに、「秘密情報を本契約の目的以外のために使用してはならない」等とされています。

したがって、**秘密情報の開示の目的について明確にしておくのが望ましいでしょう。**

📖 ポイント③：どのような情報が秘密情報になるのかを確認！

「秘密保持契約書」ですので、**どのような情報を秘密として保持しなければならないのかを確認しておかなければなりません。**

企業間の取引でやり取りされる秘密情報は、多岐にわたることが多いものです。そのため、細かく秘密情報を定めてしまうと秘密情報の範囲から外れてしまうことがあるから、多くの場合、包括的に定められることが多いと思われます。具体的には、「本契約の遂行により知り得た相手方の技術上または営業上その他一切の業務上の情報」等と規定されているような場合です。

しかし、これでは結局どのような情報が秘密情報になるのかがわからなくなってしまいます。

上記の定め方が悪いわけではありませんが、秘密情報を受領する側からすると、あとになって「あの情報は秘密情報だった」といわれないために、「開示当事者が秘密であることを明示して開示した情報」等とすることも考えられます。もっとも、秘密情報を開示する側からすると、これだと「秘密であることを明示して開示した情報」しか秘密情報に含まれず、「知り得た情報」が除かれてしまうことになります。

どのような方法で情報をやり取りするのかによっても、秘密保持契約書の定め方は変わりますので、注意する必要があるでしょう。

▶ 図　NDAでは秘密情報に含まれる内容を確認

📖 ポイント④：秘密保持の期間を確認！

　秘密保持契約書を締結するうえでは、**どの程度の期間、秘密保持義務を負うのかということ**を確認しておかなければなりません。

　秘密保持契約の期間中（取引の期間中）は、当然、秘密保持義務を負っています。では、取引が終わったあとはどうでしょうか？　取引が終わる前日に受領した秘密情報は、取引が終わってすぐに第三者に開示することができるものなのでしょうか？

　秘密保持の期間については、契約終了後、1年から5年間程度、秘密保持義務を負い続けるとされていることが多いと思われます。秘密保持の期間をどの程度にするのかは、やり取りされる秘密情報がどのような情報なのかによると考えられます。つまり、技術の進歩が速く、1年、2年程度で陳腐化するような秘密情報であれば、その程度の期間を秘密保持の期間として定めておくことになりますが、個人情報のように陳腐化するような秘密情報でなければ、取引終了後もずっと秘密保持義務を負うということも考えられます。

　このように、**やり取りされる秘密情報がどのような情報なのかをよく確認したうえで、秘密保持の期間を定める必要があるでしょう。**

▶ 図　秘密保持期間の決め方の例

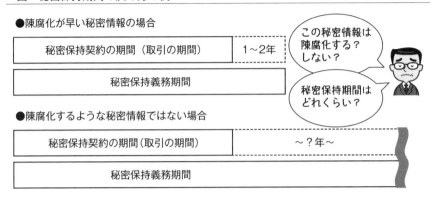

秘密保持契約書に定められるその他の規定について

　秘密保持契約書には、以上のような基本的な事項のほか、たとえば下請業者に秘密情報を開示しなければならないようなときには、秘密情報を開示する者の範囲や下請業者が負わなければならない義務の範囲が規定されたりします。

　また、秘密情報のコントロールのため、開示する従業員の範囲は必要最小限にしなければならないという条項であったり、秘密情報の返還又は破棄に関する条項が定められたりします。

　さらに、ソフトウェアを扱うような企業であれば、リバースエンジニアリングや逆アセンブルを禁止することについても規定されたりします。

　このように、秘密保持契約書といっても、企業の業種ややり取りされる情報によって記載される内容が変わってきます。そのため、**秘密保持契約書に安易にサインしてしまうのではなく、秘密情報を開示しようとする目的にさかのぼって考えることが重要でしょう。**

契約書方式と差入方式、どちらも秘密保持義務あり

　秘密保持契約書の中には、当事者の双方が署名捺印する契約書方式、当

事者の一方が相手方当事者に対して差し入れる差入方式の、2つの方式が見られます。

　契約書方式というのは、あとに掲載する「図　【書式例】秘密保持契約書（契約書方式の例）」にあるように、両当事者が秘密保持契約の内容に合意し、末尾の記名押印も両当事者になります。当事者が双方がお互いに秘密保持義務を負うときにこの契約書書式を利用するのが通常です。もっとも、契約書方式であったとしても、【書式例】の第3条「いずれの当事者も」という部分を「甲は」または「乙は」というように一方に限定することで、秘密保持義務を負う者を一方当事者のみとすることもできます。

　差入方式というのは、一方の当事者だけで作成する書面で、【書式例】の前文（第1条より上の部分）に代えて「●●会社　御中」として、末尾の記名押印が一方当事者だけになります。当事者の一方だけが秘密情報を受領する場合や双方が開示する場合でも一方の当事者だけが秘密保持義務を負うようなケースでは、この差入方式が利用されています。

▶ 表　契約書方式 vs 差入方式

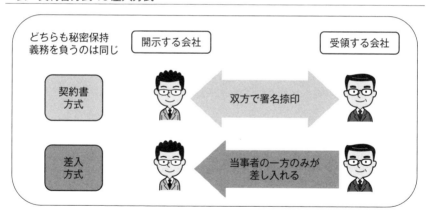

▶ 図 【書式例】秘密保持契約書(契約書方式の例)

秘密保持契約書

株式会社 ABC(以下「甲」という)と株式会社 XYZ(以下「乙」という)とは、甲乙間で開示される情報の取扱いについて、以下のとおり、秘密保持契約(以下「本契約」という)を締結する。

第1条(目的)
　本契約は、甲及び乙が、次に定める目的(以下「開示目的」という)に関連して、甲乙間で相互に開示する秘密情報の秘密保持に関する取扱いを定めるものである。

　　開示目的:●●

第2条(秘密情報)
　1　本契約において「秘密情報」とは、本契約の遂行により知り得た相手方の技術上または営業上その他一切の業務上の情報をいう。
　2　前項の定めにかかわらず、次の各号のいずれかに該当する情報については、秘密情報から除かれるものとする。
　　(略)

第3条(秘密保持)
　いずれの当事者も、相手方当事者より知り得た秘密情報を本契約の目的のためにのみ使用するものとし、相手方当事者の事前の書面による

承諾がない限り、第三者に開示又は漏洩してはならない。

第4条（有効期間）

本契約の有効期間は、本契約締結日より1年間とする。

第5条（存続条項）

本契約に定める義務は、本契約の終了後1年間、その効力を有するものとする。

第6条（準拠法及び管轄裁判所）

本契約は日本法を準拠法とする。本契約に関連して発生するすべての紛争は、東京地方裁判所を第一審の専属的合意管轄裁判所として裁判により解決する。

本契約の成立を証するため、本書2通を作成し、各自記名捺印の上各1通保有する。

平成●年●月●日

甲

乙

1-4 インターネットで商品を売る場合も「意思の一致」が重要です

当社は、設立間もないベンチャー企業で、インターネットを利用して、アイデア商品を販売しています。販売にあたっては、利用者の方に、サイト上で利用者登録をしてもらっています。インターネットでの販売を始めるにあたり、とりあえず、他社のサイトにある利用規約を流用してしまったのですが、販売数量や利用者も増えてきたため、このままでいいのか不安です。
利用規約のほか、インターネット販売で注意すべき点は何でしょうか？

ポイント

- ☑ 利用者が申込内容の最終確認ができる画面を入れましょう。
- ☑ 利用者が申込内容を容易に訂正できるようなページ構成にしましょう。
- ☑ 利用規約はわかりやすく表示し、利用者の同意が確認できるようなページ構成にしましょう。
- ☑ 利用規約を変更する場合には、変更することと変更後の内容をわかりやすく表示しましょう。

📖 インターネット取引の普及と普及に伴う問題点

　現在は、パソコンだけでなく、スマートフォンやタブレットからでもインターネットで商品やサービスも購入でき、インターネット取引は日常的なものになっています。インターネット取引は、便利で簡単に取引ができるわけですが、その一方、対面取引では起こりえない、誤操作による注文等、インターネット取引特有の問題が発生しています。また、ワンクリック詐欺といったインターネット取引の特性を悪用した犯罪も発生しています。そのため、インターネット取引に関する法も整備されてきました。

　本節では自社でインターネット取引をする際の留意点を確認することにします。

📖 電子契約は「電子契約法」で決められています

　では、「電子契約とは」というところから見ていきましょう。

　「パソコン等でインターネットを使って行う契約のことが電子契約では？」と思われた方がいるかもしれません。日常的に使う言葉としてはそのとおりですし、概ね合っているのですが、電子契約法で定められている電子契約（正確には電子消費者契約）とは少し違います。

　「パソコン（スマートフォンやタブレット等の電子機器を含みます）を使ってインターネット経由で契約を締結すること」「当事者が直接会って契約書を取り交わすのではない」というのは、このイメージで OK です。

　しかし、これから説明する内容は、皆さんがもたれている電子契約に対するイメージとは違うのではないでしょうか。

📘 個人が事業者と契約する場合に適用

　まず、電子契約法が適用されるのは、事業者が個人と契約する場合だということです。つまり、**インターネットで事業者だけを相手にしているということであれば、電子契約法は気にする必要がありません**。個人であっても自営業者が事業のために事業者とインターネットで取引をするのであ

れば、電子契約法は適用されません。

📖 電子契約法が適用される場合の申込みまでの手続の流れ

　同じインターネット取引であっても、利用者が契約を申し込むまでにどのようなプロセスを経るかによって、電子契約法の適用の有無が変わります。

　ショッピングサイトをイメージしてください。まず、商品を選びます。そうするとカートにその商品が入り、個数を選択し…とページが移動していきます。送り先を入力し、さらにページが移動し、支払方法を選択して、ページが移動し、注文内容の確認画面が出て、「注文」ボタンをクリックします。このように、**サイトの表示に従って手続をして申し込むような取引が、電子契約法の対象となります。**

　インターネット取引でも、インターネット上で商品を見て、個人が、商品名や個数、送り先住所等の注文内容をメールに記載して注文するような場合には、電子契約法の対象にはなりません。

　このように、電子契約といっても電子契約法が適用される内容は、一般的なイメージと異なります。自社で行っている、または行おうとしているインターネット取引が電子契約法の対象となるのか、確認する必要があります。

📖 事業者は電子契約法と特定商取引法で規制

　誤操作やワンクリック詐欺等を防ぐために、インターネット取引では、事業者に対してどのような規制がされているかを見ていくことにしましょう。

📖 電子契約法による規制（主に誤操作を念頭）

　1個と注文するはずが、間違って11個と入力して注文してしまった！
　このような場合は、錯誤（さくご）といって契約は無効になります（民法第95条本文）。しかし、重大な過失（うっかりミスというレベルでは

なく、あり得ないほどのミス）がある場合には、錯誤とはいえなくなってしまいます（民法第95条ただし書）。そうすると、誤操作が重大な過失にあたってしまい、利用者は錯誤を主張できなくなる可能性があります。

そこで、電子契約法では、誤操作の場合には、重大な過失とは扱いませんと規定されています（電子契約法第3条本文）。

そうすると、今度は事業者が困ります。注文があったから商品を発送したのに、「無効でした」といわれたらたまりません。

そのため、電子契約法では例外的に、事業者が申込みの意思確認を求める措置を講じていた場合には、誤操作が重大な過失に該当しうると規定されました（同条ただし書）。この措置というのは、具体的には図のように最終の申込内容が表示されて、最後に「申込」ボタンをクリックするようなページを設けることです。

▶ 図　申込確認のサンプルページ

📖 特定商取引法による規制（主に詐欺まがい）

インターネット取引に関しては、事業者に対して、電子契約法からの規制だけでなく、特定商取引法からも規制があります。特定商取引法では、顧客の意に反して申込みをさせようとする行為を禁止する規定があります（特定商取引法第14条）。

具体的には、①その操作が申込みになることを顧客が容易に認識できるようになっていない場合、②顧客が申込みの内容を容易に確認し、また訂正できるようにしていない場合は、上記禁止規定に該当します。

この禁止規定に違反しないようにするには、次のような対応をとる必要があります。①先ほどの電子契約法と同様に、最終の申込内容を確認のうえ、「申込」ボタンをクリックするようになっていること、②「変更」ボタンや「取消」ボタンを加えて訂正できるようにしたり、前のページに戻って修正ができることを案内したりする必要があります。

📖 サイト利用規約を利用するにも意思の一致が必要です

次に、電子契約の内容に関して、サイト利用規約を用いる場合を見ていきます。利用規約、利用条件、利用約款等、色々な名称がありますが、趣旨は同じです。事業者が提示し、契約の一部としているものです。

📖 利用規約に同意していることが必要です

1-1に書きましたが、利用者に契約を守ってもらうためには、事業者と利用者との間で意思が一致していることが必要です。利用規約の場合には、利用規約を契約の中身とし、これを利用者に守ってもらうために、利用者が利用規約に同意していることが必要です。そのため、**利用規約をサイトに提示しているだけでは、利用者が同意したことになりません**。

そこで実際に用いられているのが、利用規約の下に「利用規約に同意する」というチェックボックスを設けたり、利用規約を最後までスクロールしないと利用規約の「同意」ボタンや「申込」ボタンをクリックできないようにしておいたりといった方法です。

利用規約の内容も法律の制限を受けます

　利用規約を明示して「同意」ボタンを作れば、利用者が「同意」ボタンをクリックした以上、どのような利用規約でも利用者に遵守するよう求めることができるかというと、そうではありません。利用規約の内容も、他の契約と同様に、消費者契約法等、法律による制限を受けます。たとえば、消費者契約法第8条で、事業者の全責任を免除するような内容は無効とされます。

　また、消費者契約法第9条では、消費者に過大な損害賠償責任を負わせることを予定する内容は無効とされます。利用規約では、特に消費者契約法に違反しないかどうかを検討する必要があります（**5-1** 参照）。

利用規約の変更

　一度作ればそのままというわけではなく、利用規約もアップデートしていく必要がありますが、アップデートしたからといって当然にアップデートした規約が適用されるわけではありません。利用者が同意したのは、あくまでも同意した時点の利用規約です。しかし、アップデートした利用規約が適用されないというのも困りものです。

　そこで、利用規約を作成した時点で次のような内容を入れておくとよいでしょう。そのうえで、いざアップデートしたときに、アップデートした利用規約を表示して変更の「同意」ボタンを設けたり、事前に変更内容を告知して、利用継続が同意したことになることを注意喚起しておく必要があります。

第●条（本規約の変更）
　当社は本規約を変更できるものとします。当社は、本規約を変更した場合には、利用者にあらかじめ変更内容を通知するものとし、利用者が本規約変更後も、サービスを利用した場合には、利用者は本規約の変更に同意したものとみなします。

1-5 債権回収には公正証書の作成が有効です

事例

プライベートでも仲のよいA社のB社長は、敏腕な経営者です。しかし、最近A社では売上が落ちてきてしまっているようで、B社長からA社に出資をするか、貸付けをしてくれないとお願いされました。B社長たってのお願いということもあり、当社からA社へ少しの金額ですが貸付けることとしました。ただ、私も当社の社長として、貸付金を回収できないというような事態は避けなければなりません。

A社には担保となるようなものはないようなのですが、いざというときのために、何か手を打っておくことはできないのでしょうか？

ポイント

☑ 契約書の内容を実現するためには裁判をしたうえで、強制執行する必要があります。

☑ 公正証書を作成すれば、裁判をせずに強制執行が可能です。

☑ 公正証書により強制執行するには、一定の要件を満たす必要があります。

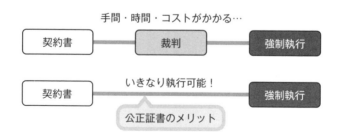

📖 契約書の内容を実現するためには裁判が必要です

　契約書には、一方当事者が他方当事者に対して何をしなければならないのか、何を請求することができるのか等が書かれています（1-1参照）。多くの契約では、口約束であろうが契約書を締結していようが、約束したことに従って自分がしなければならないことをし、相手もしなければならないことをします。多くの場合、皆が約束に従って、きちんとするべきことをします。

　しかし、契約した相手がするべきことをしない場合にはどうすればよいでしょうか？　契約した相手も、ただ単に代金を支払うのを忘れていたり、商品の発送が遅れてしまっているだけなのかもしれません。そこで、まずは電話等で状況を確認することになるでしょう。これだけでも、きちんと対応してくれるところが多いと思います。それでも支払ってくれないような場合には、催告書等を内容証明で送付します（1-6参照）。

　それでもダメな場合は、**訴訟を提起する等法的な手続に従い、自分が有する権利を実現しなければなりません。**たとえば、「お金を支払え」という裁判をしなければならないのです（1-6参照）。

　最近では、裁判に要する期間は短くなっていますが、それでも6か月から1年を超えることも多いものです。裁判をするとなると、時間だけでなく手間や費用等のコストがかかり、また、裁判をしたからといって必ず解決するとは限りません。勝訴判決どおりの内容を相手が実行しなければ、さらなる強制執行をしなければならず、時間・手間・費用がその分かかってしまいます。

📖 公正証書で、裁判をせずに強制執行が可能です

　そこで、**公正証書（執行証書）**という、**裁判をしなくても強制執行することができる制度**が用意されています。冒頭の事例で見ると、お金を貸す契約である金銭消費貸借契約は、公正証書で作成されることがあります。

　公正証書とは、法律の専門家である公証人が法律に従って作成する文書

のことをいいます。この公正証書のうち一定の要件を満たすものがいわゆる「債務名義」（簡単にいうと、強制執行に必要な書面）となり、裁判手続をせずに、いきなり強制執行することができるとされています。

　お金を貸すとき等は、担保や連帯保証人をつけてもらうだけでなく、公正証書で金銭消費貸借契約書を作成することをお薦めします。

強制執行するには一定の要件が必要です

　では、公正証書は万能なのかというと、そうではありません。公正証書により強制執行するには、一定の要件を満たす必要があります。その一定の要件とは、「金銭の一定の額の支払又はその他の代替物若しくは有価証券の一定の数量の給付を目的とする請求について公証人が作成した公正証書で、債務者が直ちに強制執行に服する旨の陳述が記載されているもの」です（民事執行法第22条第5号）。

　つまり、①公証人が作成した公正証書であること、②金銭の支払を目的とすること、③債務者が直ちに強制執行に服することを陳述したものであること、が必要です。

①公証人が作成した公正証書であること

　まず、**公証人が作成した公正証書である必要があります**。公正証書は全国各地の公証役場で作成できます。なお、公正証書を作成する際には、契約書案を公証役場にいきなりもっていくのではなく、公証役場に連絡してFAX等で契約書案を送り、事前に確認してもらうのがよいでしょう。また、多くの場合、本人確認資料（免許証等）、印鑑登録証明書等が必要となりますので、必要な資料についても事前に公証役場に確認しておくのがよいでしょう。

②金銭の支払を目的とすること

　公正証書により強制執行するためには、金銭の支払を目的とするものでなければなりません。たとえば、「貸した金を返せ」という場合です。金

銭の支払ではない、「建物を明け渡せ」のような場合には、公正証書を作成していても、直ちに強制執行することはできません。

なお、貸したお金を返済してもらう場合、分割払いにすることがあります。分割払いの場合には、債務者が一度返済するのを怠ったとしても、それだけではいきなり「全額を返せ」ということはいえません。そこで、「期限の利益の喪失」といって、「返済を怠った場合にはすぐに一括で支払いなさい」という条項を設けておくのが一般的です。

これに加えて、第三者から差押えを受けた場合等、信用不安に陥ったときにも下記と同種の条項を設ける場合があります。ひな形をそのまま使っておしまいにするのではなく、事案に従って、条項を作ることが大切です。

【期限の利益喪失条項の例】

> 第●条（期限の利益喪失）
> 債務者が一度でも弁済を怠ったときは、債務者は債権者に対する一切の債務について、何らの通知催告を要することなく当然に期限の利益を失い、債務者は債権者に対する一切の債務を直ちに債権者に支払わなければならない。

③債務者が直ちに強制執行に服することを陳述したものであること

債務者が直ちに強制執行に服することを約束してくれることが必要です。具体的には、次のような文言を契約書に入れておきます。

【強制執行認諾条項の例】

> 第●条（強制執行認諾）
> 債務者は、本契約による金銭債務を履行しないときには、直ちに強制執行に服する旨を陳述した。

▶ 図 【書式例】金銭消費貸借契約公正証書

金銭消費貸借契約公正証書

　本公証人は、当事者の嘱託により、下記の法律行為に関する陳述の趣旨を録取し、この証書を作成する。

　貸主 ABC（以下「甲」という）と借主 XYZ（以下「乙」という）とは、次のとおり、金銭消費貸借契約（以下「本契約」という）を締結する。

第1条（消費貸借の合意）

　甲は、乙に対し、平成●年●月●日、下記条件により金●円を貸し渡し、乙はこれを借り受けた（以下「本件債務」という）。

① 利　息　年●％
② 弁済期　平成●年●月●日

第2条（支払方法）

　乙は、甲に対し、弁済期までに、本件債務を甲の銀行口座に振り込む方法によって支払う（振込手数料は乙の負担とする）。

〜〜〜〜

第○条（期限の利益喪失）

　乙が一度でも弁済を怠ったときは、乙は甲に対する一切の債務について、何らの通知催告を要することなく当然に期限の利益を失い、乙は甲に対する一切の債務を直ちに甲に支払わなければならない。

第○条（強制執行認諾）

乙は、本契約による金銭債務を履行しないときには、直ちに強制執行に服する旨を陳述した。

第○条（準拠法及び管轄裁判所）

本契約は日本法を準拠法とする。本契約に関連して発生するすべての紛争は、東京地方裁判所を第一審の専属的合意管轄裁判所として裁判により解決する。

本旨外要件

　　住所　●●

　　職業　●●

　　債権者　●●　　生年月日

人違いでないものを証明するものとして、自動車運転免許証の提示を受けた。

〜〜〜〜

以上、各事項を列席者に閲読させたところ、各自これを承認し、次に署名押印する。

　　　　　　　　　　　　　　　　●　●　●　●　　　印
　　　　　　　　　　　　　　　　●　●　●　●　　　印

この証書は、平成●年●月●日、本公証人役場に置いて、法律の規定に従って作成し、本公証人次に署名押印する。

　住所　●●法務局所属　公証人　●●　●●　印

1-6 債権を回収する最終手段は裁判を起こしての強制執行です

事例 当社は人手が少なく、取引先(得意先)に対する売掛金の支払期限が過ぎていても、見落としてしまうことがあります。見落としたまま次の支払期限がくる……というような状況になるときもあります。
取引先に対して、売掛金の支払の催促をしたいのですが、どのように対応すればよいのでしょうか? また、支払の催促をしても支払ってくれない取引先に対しては、どのように対応すればよいのでしょうか?

債権回収の流れ(イメージ)

請求書送付 → 内容証明送付 → 訴訟 支払督促 → 強制執行

 ポイント

☑ 債権を回収するためには、①請求書の送付、②内容証明の送付、③訴訟の提起、④支払督促、⑤強制執行等の方法があります。

☑ 「売上なければ利益なし 回収なければ売上なし」という言葉があるように、取引先の与信管理をしっかり行う必要があります。

▶ 図 【書式例】催告書（内容証明郵便）

平成●年●月●日

〒●●●-●●●●
　株式会社●●
　代表取締役

　　　　　　　　　　　　　〒●●●-●●●●
　　　　　　　　　　　　　　株式会社●●
　　　　　　　　　　　　　　代表取締役

　　　　　　　　催　告　書

冠省　当社は、貴社に対して、以下のとおりご連絡致します。
　当社は貴社に対して平成●年●月●日に販売した商品●●の代金●●円につき、平成●年●月●日までにお支払頂くことになっておりました。
　しかし、当社が再三お支払いを求めているにもかかわらず、本日に至るまで、一切お支払い頂いておりません。
　つきましては、上記●●円を本催告書到達後●日以内に、下記銀行口座に振り込んでお支払い頂くよう催告致します。
　上記期限までにお支払いがない場合には、法的措置をとらざるを得ないことを申し添えます。
　　　　　　　　　　　　　　　　　　　　　　　　　　　　　草々
　　　　　　　　　　　記
（振込先）
　　●●銀行●●支店　普通預金
　　口座番号　●●
　　口座名義　●●株式会社

📖 債権を回収しなければ売上は上がりません

「売上なければ利益なし　回収なければ売上なし」といわれることがあります。いくら売上が上がっても、きちんと回収できなければ意味がありません。債権回収はしっかり行わなければなりません。

1-5 でも述べましたが、取引先（得意先）が代金を支払ってくれなかったとしても、取引先（得意先）もただ単に代金を支払うのを忘れてしまっているだけなのかもしれません。そのため、まずは電話したり請求書を再度送り直したりして、代金を支払うよう催促します。多くの場合、このように催促すれば、支払ってくれるケースが多いでしょう。

それでも**支払がなければ、催告書等を内容証明郵便で送付することになります。これは企業名で送付することもありますし、弁護士名で送付することもあります。**内容証明を送付することには一定程度効果があり、内容証明が届いたら支払う会社も多いです（「図　【書式例】催告書（内容証明郵便）」参照）。

📖 訴訟の提起と支払督促の流れ

内容証明を送っても支払わない取引先がある場合は、訴訟を提起したり、支払督促をしたりすることが考えられます。1-5 のように公正証書があれば訴訟しなくてもよいですし、同じく担保権があれば訴訟しなくてもよいです。

ここでは、訴訟を提起する場合と支払督促をする場合を見てみましょう。

📖 訴訟提起（裁判）

まず、訴訟（裁判）から説明します。次の図は、一般的な訴訟の流れです。

▶ 図　訴訟の流れ

```
訴訟提起 → 審理 → 証人尋問 → 判決・和解
```

　まずは訴状を提出して、訴訟を提起します。訴訟を提訴すると、第1回の口頭弁論期日がおよそ1か月後に決められ、その後、1か月ごとに交互にそれぞれの主張が記載された書面（準備書面）を提出して、相互に主張を闘わせます。事実関係に争いがあるような場合には、証人尋問が行われることもあります。そして、裁判所が十分に審理が尽くされたと判断した時点で、審理（弁論）が終結し、判決という流れになります。

　また、裁判所は、双方の主張が出そろった段階、証人尋問が終わった段階等で和解を勧めることがあります。訴訟に勝てるかどうかがわからないのであれば裁判所の和解の勧めに応じてもよいですし、勝てる自信がある場合や白黒はっきりさせたいというような場合には、和解の勧めに応じなくても構いません。

　このようにして訴訟を提起して、主張が認められれば、判決又は和解で「被告は、原告に対し100万円を支払え」という債務名義（強制執行に必要な書面）をもらうことができます。和解であれば被告（相手方）は約束通りに支払うことが多いですし、判決であっても、被告は判決通りに支払うことが多いです。

強制執行

　しかし、それでも支払ってくれない場合があります。そして、**判決だけでは支払を強制することができないため、強制執行の手続をしなければなりません。**被告（相手方）が、不動産をもっていれば不動産を競売にかけたり、被告（相手方）が第三者に対して売掛金をもっていればその売掛金を差し押え、第三者に対して請求したりするということが必要なのです。

　強制執行には次の表のような種類がありますが、被告が財産をもっていなければ、判決はただの紙切れになってしまいます（金銭執行の場合。訴訟を提起する時点で被告が財産を有しているのであれば、その財産を第三

者に売ってしまわないように仮差押え等をすることも考えられます）。そのような事態も考えて、訴訟提起や強制執行をするか否かを決めなければなりません。

▶ 表　強制執行の種類

金銭執行	不動産執行	非金銭執行	物の引渡請求権の執行
	準不動産執行（自動車、航空機等）		作為・不作為の執行
	動産執行		意思表示の擬制
	債権その他の財産権に対する執行		

支払督促

　訴訟のように裁判所で審理を行うのとは異なり、裁判所（裁判所書記官）が書面審査のみで金銭の支払等を命じてくれる制度があります。それが支払督促です。訴訟が数か月から1年程度かかることからすると、支払督促は1か月程度で済むので、時間的にはかなり短縮できます。手数料も訴訟の場合の半額とされていて、時間、コスト、手間等の面で支払督促にはメリットがあります。

　しかし、**支払督促が発付されても、債務者から異議が申し立てられてしまうと、上記で説明した訴訟手続に移行してしまいます**。

重要！債権回収には取引先の財務状態を確認！！

　このように、債権を回収するのはとても大変です。回収したい債権が少額の場合、訴訟等をするのではコストに見合わず、泣き寝入りせざるを得ないこともあります。

　とはいえ、「売上なければ利益なし　回収なければ売上なし」です。訴訟等をしなくて済むよう、新しく取引を開始する際には取引先の財務状態（信用状態）をよく確認してから取引を開始するようにしたり、取引を開始しても常日頃から取引先の財務状態をよく確認したりしておくことが大切です。

▶ 図　支払督促の流れ

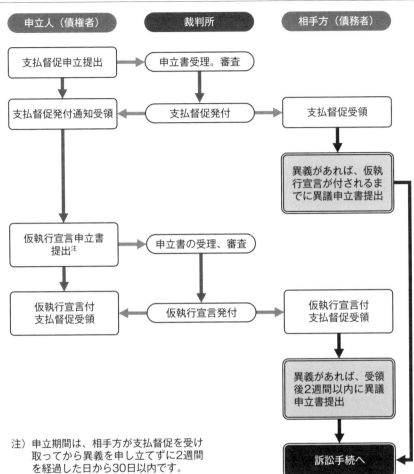

注）申立期間は、相手方が支払督促を受け取ってから異議を申し立てずに2週間を経過した日から30日以内です。

出所）裁判所：「支払督促」

▶ 図 【書式例】支払督促申立書

| | 収入印紙
(消印しない) |

支払督促申立書

請求事件

当事者の表示　　　別紙当事者目録記載のとおり

請求の趣旨及び原因　　別紙請求の趣旨及び原因記載のとおり

「債務者　　　は，　　　　債権者に対し，請求の趣旨記載の金額を支払え」
との支払督促を求める。

申立手続費用　　金　　　　　　　　　円
内　訳
　　申立手数料(印紙)　　　　　　　　円
　　支払督促正本送達費用（郵便切手）　円
　　支払督促発付通知費用　　　　　　　円
　　申立書作成及び提出費用　　　　　　円
　　資格証明手数料　　　　　　　　　　円

平成　　年　　月　　日
　住　　所：〒
　　(所在地)
　債権者氏名：
　(名称及び代表者の
　　資格・氏名)
　　　　　　　　　　　　　　　　　　　　印
　　(電話：　　　　　　　　　)
　　(FAX：　　　　　　　　　)

　　　　簡易裁判所　裁判所書記官　殿　　| 受付印 |

価額　　　　　　　　円
貼用印紙　　　　　　円
郵便切手　　　　　　円
葉書　　　　　　　　枚
添付書類　□資格証明書　　　　通
　　　　　□　　　　　　　　　通
　　　　　□　　　　　　　　　通

貼用印紙	円
郵便切手	円
葉書	枚

※　上記用紙については，太い黒枠内について記入してください。
　　項目を選択する場合には，□欄に「レ」を付してください。

出所）裁判所：「支払督促申立書」

当事者目録

<table>
<tr><td rowspan="2">債権者</td><td colspan="2">住　　所：〒
（所在地）

氏　　名：
（名称及び代表者の
資格・氏名）

電話：
FAX：</td></tr>
<tr><td>送達場所等の届出</td><td>債権者に対する書類の送達は次の場所に宛ててください。
□上記の債権者住所
□債権者の勤務先
　名　　称：
　所在地：〒

　電話：
　FAX：
□その他の場所（債権者との関係：　　　　　　　　　　）
　住所：〒

　電話：
　FAX：
　送達受取人：</td></tr>
<tr><td>債務者</td><td colspan="2">①住　　所：〒
（所在地）

氏　　名：
（名称及び代表者の
資格・氏名）
電話：
FAX：

②住　　所：〒
（所在地）

氏　　名：
（名称及び代表者の
資格・氏名）
電話：
FAX：</td></tr>
</table>

※　項目を選択する場合には，□欄に「レ」を付してください。

請求の趣旨及び原因

請求の趣旨

1　金　　　　　　　　　円
2　(□上記金額，□上記金額の内金　　　　　　　円）に対する
　　(□支払督促送達日の翌日，□平成　　年　　月　　日)
　　から完済まで，年　　％の割合による遅延損害金

3　金　　　　　　　円（申立手続費用）

請求の原因

※ 項目を選択する場合には，□欄に「レ」を付してください。

消滅時効・債務承認

1-7 売掛金債権の時効を防ぐ「時効の中断」とは

事例 1-6で「当社は人手が少なく、取引先（得意先）に対する売掛金の支払期限が過ぎていても、見落としてしまうことがあります…」と相談したのですが、案の定、1年ほど売掛金の請求をしていない取引先がありました。時効という制度があると聞いたのですが、1年を超えても売掛金を回収することはできるのでしょうか？ また、売掛金を時効にかからせないようにするためには、普段からどのようにすればよいのでしょうか？

ポイント

☑ 売掛金債権には時効（2年）があります。
☑ 時効にかからせないためには、①請求、②差押え、仮差押え又は仮処分、③承認、のいずれかの方法をとらなければなりません。
☑ 請求書を送付するだけでは、時効にかからせないようにすることはできません。

売掛金債権には時効があります

　コンビニエンスストアやスーパーで買い物をする場合には現金で代金をやり取りすることが多いですが、企業間の取引において現金で代金をやり取りすることは少ないと思います。企業間では継続的な取引関係があり、たとえば「毎月末日締め　翌月末日払い」等としておくことで、複数の取引の代金をまとめて支払うことで簡便化しているのです。この場合、取引先（得意先）に対して売掛金債権を有することになります。

　取引先が決められた期日どおりに代金を支払ってくれればよいですが、

代金を支払ってくれない場合もあります。このような場合、1-6 で見たように、訴訟を提起したり、支払督促をしたりしなければなりません。

しかし、訴訟の提起や支払督促をしたりはせず、請求書を何回か送って様子を見ていたところそのままになってしまう、そもそも支払われていないことに気づかないまま放置されてしまう……ということもあると思います。このように**売掛金が支払われないのに放置してしまうと、売掛金債権が消滅時効にかかってしまうおそれがあります。**

消滅時効とは、一定期間が経過すると権利（売掛金債権）が消滅してしまうという制度のことです。消滅時効は、「権利を行使することができる時から進行する」とされており（民法第 166 条第 1 項）、民法上、10 年間権利を行使しないと権利が消滅してしまいます（民法第 167 条第 1 項）。

消滅時効の期間には、色々な例外があります。たとえば、一般的な商取引から生じた債権であれば 5 年間（商法第 522 条）、「生産者、卸売商人又は小売商人が売却した産物又は商品の代価に係る債権」（売掛金債権）であれば 2 年間（民法第 173 条）である等、債権の種類によって時効期間が異なるとされているのです（このような時効期間の区別は合理的であるとはいえないことから、民法の改正が予定されています（後述）。

したがって、**売掛金債権の場合、支払期日から 2 年が経過してしまうと、売掛金債権を請求しても債務者から「時効によって消滅したから、支払わない」と主張され、もはや売掛金債権を請求することができなくなってしまいます。**

▶ 図　消滅時効（平成 28 年 6 月時点の民法を前提）

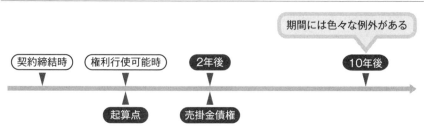

時効にかからせないためには

売掛金債権が時効にかかってしまうことを防ぐためには（「時効の中断」といいます）、次のいずれかの手段をとらなければなりません（民法第147条）。

①請求　　②差押え、仮差押え又は仮処分　　③承認

ここでいう「請求」は、単に「支払ってくれ」というだけでは足りないとされています。**民法上の「請求」といえるためには、裁判所での正式な手続（たとえば訴訟提起）を経てなされる請求でなければならないとされています。**裁判外で単に「支払ってくれ」というのは民法上「催告」とされ、催告の場合、6か月以内に、裁判上の請求、支払督促の申立等をしなければ、時効を中断させることができません（民法第153条）。つまり、請求書を送付しても支払ってくれない場合には、最終的には訴訟を提起しないと、時効を中断させることができないのです。

「差押え、仮差押え又は仮処分」のうち「差押え」については、1-5のように公正証書があったり、既に訴訟を提起済みで判決があるような場合に有効です。「仮差押えや仮処分」は、これらの手続をとったあとに訴訟を提起することが想定されていることが多いですが、仮差押えや仮処分でも時効を中断させることができます。

「承認」は取引先（債務者）の協力が必要となりますが、取引先（債務者）が協力的であれば、承認してもらうのが一番手っ取り早いでしょう。承認は、裁判所で何かしら手続が必要となるわけではなく、口頭等、どのような方式でも構わないとされています。ただ、証拠を残しておく必要があるため、書面（「図【書式例】債務確認書」参照）をもらっておくのがよいでしょう。このような債務確認書を取得することは、自社がいくらの売掛金債権を有しているのかの確認にもなりますし、売掛金債権の額が異なっていれば、通常取引先から連絡がありますし、管理の面でも有益でしょう。

なお、このように取引先（債務者）が債務を承認したとしても、承認したときから新たに時効が進行しはじめてしまうので、注意が必要です。

そのため、**定期的に債務確認書を取得しておくのが望ましいでしょう。**

📖 民法改正法案

以上の説明は本書執筆時点の現行法に則したものですが、民法改正法案が平成27年3月31日に国会に提出されました。民法が制定されてから、100年振りの大改正になります。しかし、同年中に民法改正法案が制定されることはなく、継続審議となっており、今後の見通しも不明です。

とはいえ、民法改正法案が制定されると、企業の実務に影響がありますので、民法改正案を知っておくことも必要だと思います。時効に関する民法改正案の概要は、以下のとおりです。

まず、時効期間が「債権者が権利を行使することができることを知った時から5年間行使しない時」に債権は時効によって消滅することになります（改正後民法第166条第1項第1号）。取引から生じた債権のほとんどは「権利を行使することができることを知った時」にあたるものと考えられます。また、「権利を行使することができる時から10年間行使しない時」にも債権は時効によって消滅します（改正後民法第166条第1項第2号）。これは従来と変わりありません。これに伴い、商事債権の5年の消滅時効や売掛金債権の特則は廃止されることになりました。

▶ 図　改正後民法の消滅時効

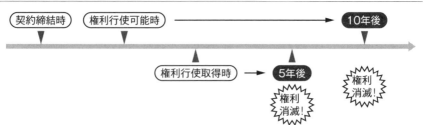

▶ 図 【書式例】債務確認書

平成●年●月●日

●●株式会社　御中

東京都●区●町●丁目●番●号

株式会社　●●

代表取締役　●●●●　　㊞

債務確認書

拝啓　貴社益々ご清栄のこととお慶び申し上げます。

　弊社は、本日現在、貴社に対し、下記の買掛金債務○○円を負担していることを確認致します。

敬具

記

（買掛金債務）

　1　●●の代金　　○○円
　2　●●の代金　　○○円

以上

1 取引先とのトラブルを回避するための法律知識

1-8 内容証明郵便が届いたら慌てず事実確認を　[瑕疵担保責任]

事例　当社は、金属製品を製作する会社で、今年で設立10周年を迎えます。この10年間は取引先ともめることもなく、何かあっても取引先と協議して解決し、大きな紛争に発展することもなく、事業を行うことができました。

しかし、つい最近取引を始めた会社で、この間納品したばかりの製品に関して、クレームが入りました。こちらも状況を確認してこれまでどおり協議して解決しようと思っていたのですが、突然、弁護士から内容証明郵便というのが送られてきて、うちの製品に瑕疵（かし）があるから損害賠償金を支払えといわれています。

どのように対応すればよいでしょうか？

ポイント

- ☑ 弁護士から内容証明が来ても慌てる必要は全くありません。
- ☑ 瑕疵が本当に自社の原因なのか確認しましょう。
- ☑ 瑕疵担保責任の期間を経過していないか確認しましょう。
- ☑ 瑕疵担保責任による紛争を防止するために、あらかじめ契約書で定めておきましょう。

📖 内容証明を受け取っても慌てる必要はありません

　突然、弁護士から内容証明が送られてくると慌ててしまう方がたくさんいます。焦って、送ってきた弁護士に電話をして、自社に責任がないのに責任を軽減しようというスタンスで話をしてしまう人もいます。

　他方、法律事務所に相談に来られる方の中には、「弁護士から書面を出せば、相手がいうことを聞くかもしれないから弁護士名義の内容証明郵便で送ってほしい」という方もいます。では、この内容証明郵便というのが実際何なのかというところから説明します。

📖 内容証明郵便って何？

　内容証明郵便というのは、いつ、どのような内容の郵便が誰から誰宛に送られたのかということを郵便局が証明してくれる郵便のことをいいます。郵便の内容を証拠として残しておきたいときに使います。たとえば、時効完成を防ぐために催告をしたり、契約の解除を通知したり、遅滞になるように支払請求したりするときです。

📖 内容証明郵便に強制力はありません。慌てず、落ち着いて

　あとのページに掲載した、「図【書式例】内容証明郵便による通知のサンプル」を見てください。内容証明郵便が届いたときの心構えをしておきましょう。

　そもそも、**内容証明郵便というのは、証拠としての価値はありますが、強制力のようなものは一切ありません。**当然ですが、これが弁護士名義であっても変わりません。サンプルの冒頭にもあるように、弁護士は依頼を受けて、本人に代わって書面を書いているだけです。

　当職は、●●株式会社（以下、「通知人」といいます。）より依頼を受け、代理人として、貴社に対して、以下のとおり、通知致します。

簡単にいってしまうと、内容証明郵便に書いてある内容というのは、一方の言い分が書かれているに過ぎないのです。内容が正しいというわけではありませんから、送られたほうも内容が正しいという前提で行動する必要はありません。ただ、書かれている内容について、自社でも事実確認等を行うことが肝要で、必要に応じて弁護士等専門家に判断を求めます。
　また、サンプルの後半を見てください。

> 　万が一、上記期限内にお振込みいただけない場合には、法的手続によることも検討せざるを得ませんことを予め申し添えます。

　損害賠償請求等金銭の支払を求める場合には、このような文章で締めくくられていることが多いです。これにも慌てる必要はありません。法的手続とありますが、いきなり差押えや仮差押えがされるわけではありません。絶対ないとはいい切れませんが、差押えや仮差押えは財産を隠されないよう、このような通知で事前に知らせることなく行うのが通常です。
　また、裁判所に訴えられるということであれば、裁判で白黒つければいいということになります。

> 　つきましては、本書面到達後7日以内に、上記金員を下記口座に振込み送金する方法によりお振込みください。

　さらに、サンプルでは7日以内と期限が記載されていますが、多くの場合、弁護士に電話をして、交渉に応じる意思があること、検討時間が必要であることを伝えれば、回答を待つのが通常です。
　まずは、慌てずに送られてきた書面の内容を確認しましょう。

▶ 図 【書式例】内容証明郵便による通知のサンプル

平成●年●月●日

●●株式会社　御中

●●法律事務所
通知人　●●株式会社
代理人弁護士●●

通知書

　当職は、●●株式会社（以下、「通知人」といいます。）より依頼を受け、代理人として、貴社に対して、以下のとおり、通知致します。

・・・・・

　そこで、損害賠償金として、●●円を請求致します。

　つきましては、本書面到達後7日以内に、上記金員を下記口座に振込み送金する方法によりお振込みください。

　万が一、上記期限内にお振込みいただけない場合には、法的手続によることも検討せざるを得ませんことを予め申し添えます。

瑕疵担保責任とは

「瑕疵担保責任」といわれても、日常では聞きなれない言葉かも知れません。「瑕疵（かし）」というのは、キズ、不良、欠陥のことです。たとえば、オフィスで使うパソコンを買って帰ったとき、店頭で外装等を確認したときは何も問題なかったのに、電源を入れてもパソコンが起動しなかったといったケースです。このような「瑕疵」について、法律ではどうなっているか確認していきましょう。

民法の瑕疵担保責任

民法では、「売買の目的物に隠れたる瑕疵があったときは、買主が瑕疵を知ったときから1年以内であれば、契約の解除や損害の賠償が請求できる」と規定されています（民法第570条、第566条）。「瑕疵」というのは不良等ということですが、法律的にいうと、通常であれば備わっている品質や性能を欠いていたり、取引の当事者が予定していた品質や性能を欠いていること、ということになります。

たとえば、仕様書等がある場合に仕様書に記載された仕様を満たしていなければ、瑕疵となるでしょう。瑕疵担保責任を追及された場合には、自社で製造し納品した製品に本当に瑕疵があるのかどうかを確認しなければなりません。**確認ができないのにもかかわらず自社の責任を認めたり、損害賠償をしたりしてはなりません。**

「隠れたる瑕疵」というのは、一般的にこれぐらいの注意はするよねっていう程度の注意を払っても発見できないような瑕疵をいいます。先ほどの例でいえば、店舗でパソコンを買ったときに、箱から出して起動するかどうかまでの確認は普通しないので、隠れたる瑕疵ということになります。

このパソコンの場合、お店にもっていけば交換してもらって終わりですが、法律上は、解除または損害賠償です。もっとも、当事者間で交換対応するのは自由です。

商法の瑕疵担保責任

商法には、瑕疵担保責任について特別な定めがあります（商法第526条）。この商法上の瑕疵担保責任が適用されるためには、商人間の売買である必要があります。会社は商人とされていますので、会社同士で売買をすれば、商法上の瑕疵担保責任が適用されます。

それでは、商法の瑕疵担保責任の中身を見ていきましょう。

まず、買主は、売買の目的物を受け取ったら、遅滞なく、目的物を検査（検品、検収）しなければなりません（商法第526条第1項）。「遅滞なく」というのは、納品後すぐにというほどではありませんが、一般的な検査期間に遅れないぐらいのイメージで、意図的に遅らせるようなことはできません。

検査の結果、瑕疵があったり、数量不足があった場合には、そのことを直ちに売主に通知しなければなりません。この通知をしないと、瑕疵担保責任を追及できない、つまり契約の解除や代金の減額、損害賠償請求ができなくなります。

また、上記検査の有無にかかわらず、隠れた瑕疵があった場合には、6か月以内に瑕疵を発見して通知をしなければなりません。同じように、通知をしないと瑕疵担保責任を追及できなくなります。商法でいうところの隠れた瑕疵というのは、業界の中で一般的に普通行われている程度のチェックをしても発見できない瑕疵をいいます。

▶ 図　商法の瑕疵担保責任

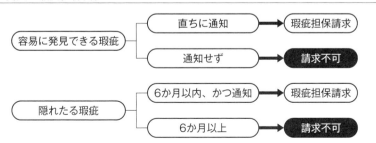

瑕疵による紛争を防ぐための契約書上の記載方法

瑕疵の発生を完全に避けることはできません。そのため、瑕疵に起因する紛争を防止するためにも、契約書できちんと合意しておくことが肝要です。

ここでは、例として検品に関する契約書条項を載せておきますので、参考にしてください。

【検品に関する契約書条項の例】

> 第●条（引渡し）
> 　甲（注：受注者）は、引渡期日に、引渡場所に本件物品を持参して引き渡す。なお、引渡しに関する費用は甲の負担とする。
>
> 第●条（検査）
> (1) 乙（注：発注者）は、本件物品の引渡し後、〇日以内に本件物品を検査し、甲に対して合格又は不合格の通知を行わなければならない。
> (2) 乙は、前項の検査により、本件物品につき瑕疵又は数量不足等を発見したときは、直ちに理由を記載した書面をもって甲に不合格の通知をしなければならない。本通知がなされないまま前項の期間が経過したときは、本件物品が検査に合格したものとみなす。
> (3) 甲は、検査の結果、不合格になったものについては、甲の費用負担で引き取り、乙の指示する期限までに代品納入を行わなければならない。
> (4) 甲は、乙による検査結果に関し、疑義又は異議のあるときは、遅滞なく書面によりその旨を申し出て、甲乙協議のうえ解決する。
>
> 第●条（所有権）
> 　本件物品の所有権は、本件物品の代金完済時に甲から乙に移転する。

第●条（瑕疵担保責任）
　本件物品の引渡し後、引渡し後の検査においては容易に発見することができなかった瑕疵が発見されたときは、引渡し時から6か月以内に限り、乙は甲に対して、無償の修理又は代金の全部若しくは一部の返還を請求することができる。

第●条（危険負担）
　本件物品の乙への引渡し前に、乙の責めに帰さない事由により、本件物品に生じた滅失、毀損及び価値減少等の損害は、甲の負担とする。

1-9 下請契約で発注後の値引きはご法度！

当社は、3代目が社長をしている老舗の部品製作会社です。最近は、職人や従業員が高齢化してきたこともあり、新規の顧客が増えず、なかなか難しい経営状況が続いています。昔からの取引先からは、付き合いも長いので無理をいわれることもないのですが、先日、比較的新しい取引先とトラブルになりました。担当者から電話で「用意しておいて」といわれたので、納品しようとしたら、その担当者から「対応できる用意をしておいてという意味で、正式発注ではない」といわれ、受け取ってもらえませんでした。大事には至りませんでしたが肝を冷やしました。
このようなことがないように、下請法を勉強しておきたいと思います。

ポイント

☑ 下請法が適用されるかどうかは、取引の内容と、親事業者・下請事業者それぞれの資本金がポイントです。

☑ 後々のトラブルを防ぐため、また、親事業者は義務を遵守するために、発注の際には、発注書面をきちんと取り交わしましょう。

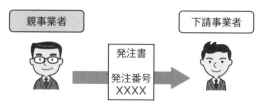

☑ 発注後の代金の減額はご法度です。

☑ 下請法違反がないよう、11の禁止事項を確認しておきましょう。

📖 下請事業者を守るための法律が下請法です

　下請事業者は、仕事を新規で受注または継続するために、親事業者の要求に従わざるを得ない等、親事業者と下請事業者との間には、どうしても力関係が生じてしまいます。親事業者の中には、その力関係を利用して、下請事業者に不当な取引条件を押し付ける会社もあり、親事業者の利益のために下請事業者に不利益を被らせるような事態が生じかねません。

　そのような不利益から下請事業者を守るための法律として下請法が定められています。親事業者としては下請法違反にならないように、下請事業者としてはいざというときに下請法を利用できるように、下請法の勘所をおさえておきましょう。

📖 下請法では取引内容と資本金の額に注意します

　下請法は、親事業者と下請事業者のすべての取引に適用されるわけではありません。下請法が適用されるかどうかは、取引の内容と、親事業者・下請事業者それぞれの資本金の大きさにより決まります。

▶ 図　下請法と取引内容、資本金の関係

取引内容	親事業者の資本金	下請事業者の資本金
①物品の製造・修理委託及び政令で定める情報成果物・役務提供委託を行う場合	3億円超	3億円以下（個人を含む）
	1千万円超3億円以下	1千万円以下（個人を含む）
②情報成果物作成・役務提供委託を行う場合　※①の情報成果物・役務提供委託を除く	5千万円超	5千万円以下（個人を含む）
	1千万円超5千万円以下	1千万円以下（個人を含む）

📖 製造委託・修理委託とは

先の「図 下請法と取引内容、資本金の関係」にある①の取引を見ていきましょう。

製造委託（下請法第2条第1項）というのは、親事業者が下請事業者に、物品の規格・品質・形状・デザイン等を指定して製造・加工を委託することをいいます。規格品や標準品を購入することはこの製造委託にあたりませんが、オリジナルの物品はもちろんのこと、規格品や標準品を自社向けにカスタマイズする場合には、この製造委託に該当する可能性があります。

修理委託（下請法第2条第2項）というのは、修理を行うことを事業としている親事業者が、その修理の全部や一部を下請事業者に委託することをいいます。簡単にいうと、受注した修理を他のところにお願いするということになります。

📖 情報成果物作成委託・役務提供委託とは

次に、「図 下請法と取引内容、資本金の関係」にある②の取引を見てください。①より資本金が少なくなっているのに注意しましょう。

情報成果物作成委託（下請法第2条第3項）とは、ソフトウェアやデザイン等の作成を行う親事業者がその作成を下請事業者に委託することをいいます。

役務提供委託（下請法第2条第4項）の役務というのは、サービスのことです。サービス提供を業務内容としている親事業者が、下請事業者にサービスの提供を委託することを、役務提供委託といいます。

📖 親事業者には4つの義務が課されます

取引の内容と資本金の2つの要件を満たすと、下請法が適用されます。下請法が適用されると親事業者に4つの義務と11の禁止事項が課されます。まずは、4つの義務を見ていきましょう。

▶ 図　下請法における親事業者の4つの義務

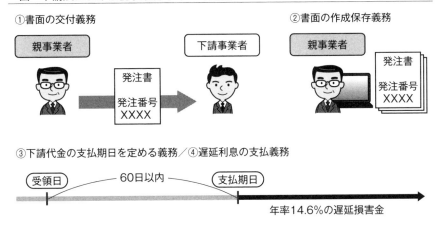

書面の交付義務とは

4つの義務の中で、最も重要なものが書面の交付義務になります。**親事業者が、下請事業者に発注する際には、法令で定められた発注内容を記載した書面を交付しなければなりません**（下請法第3条）。本節末の「図【書式例】発注書面」も参考にしてください。

この書面は、親事業者にとっても、下請事業者にとっても重要です。親事業者からすれば、法律で定められた面倒な書面と思いがちですが、発注の内容を具体的かつ明確に定めることにより、下請事業者にやり直しを命じる根拠となりえますし、支払期日を定めなければ、下請事業者から受領を受けた日に直ちに下請代金の支払をしなければならなくなります（下請法第2条の2）。

また、下請事業者からしても、発注の内容を具体的かつ明確に定めることにより、不当なやり直しや下請代金の減額を防止することができます。自分達の利益を守るための拠り所となる書面ですので、発注内容を記載した書面の交付を受けることはもちろんのこと、内容においてもあとの紛争を防止するという観点から、具体的かつ明確に記載するよう求めることが肝要です。

📖 その他の義務

その他の義務についても簡単に触れておきましょう。

法令で定められた事項を記載した書面の作成・保存義務（下請法第5条）、下請事業者から物品や成果物等を受領した日から60日以内の支払期日を定めなければならない義務（下請法第2条の2）、支払期日から60日を過ぎても支払をしない場合には年率14.6％の遅延損害金を支払う義務（下請法第4条の2）が定められています。

📖 親事業者の11の禁止事項とは

下請法では、親事業者に対して11の禁止事項が定められています。以下、ここでは違反事例の多い5つの禁止事項について簡単に説明します。

📖 減額の禁止

違反事例の中でも、格段に多いのがこの減額の禁止に違反する事例です。「減額」というのは、発注のときに一度決定した代金額を、下請事業者に責任がないのに、減額することをいいます。リベートとか協力費、販売協力金等といった名目をつけて減額することがこれにあたります。ボリュームディスカウント等、一部合理的な減額もありますが、大部分がこの減額の禁止に該当します。

事後的に代金の減額の話になったような場合には、下請法の減額の禁止にあたらないかということがピンとくるようにしておきましょう。

📖 買いたたきの禁止

減額の禁止は、一度決まった代金をあとで減額することでしたが、買いたたきの禁止は、発注するときに、通常よりも著しく低い金額にしてしまうことをいいます。通常よりも著しく低いかどうかの判断はなかなか難しいのですが、親事業者が一方的に価格を決めてしまう場合等は注意が必要です。

▶ 図　下請法における親事業者の11の禁止事項

①受領拒否

②下請代金の支払い遅延

③下請代金の減額

④不当返品

⑤買いたたき

⑥購入強制・役務の利用強制

⑦報復行為

⑧有償支給原材料等の対価の早期決済

⑨割引困難手形の交付

⑩経済上の利益の提供要請

⑪不当な給付内容の変更・やり直し

受領拒否の禁止

受領拒否の禁止は、下請事業者が注文品を提供したにもかかわらず、親事業者が受け取りを拒否することをいいます。在庫があまっているからといって、受領を拒否する場合等がこれにあたります。他方で、不良品の受領を拒否することは、もちろんこれにあたりません。

返品の禁止

返品の禁止とは、下請事業者から一度納品されたものをあとになって返品することをいいます。販売できなかったからといって返品する場合等がこれにあたります。不良品を返品する場合にはこれにあたりませんが、すぐに発見できるような不良品かどうかによって、返品できる期間が変わります。

すぐに発見できなかった不良品は6か月以内に限り返品できますが、すぐに発見できるような明らかな不良品については、すぐに返品しないと返品できなくなってしまいます。

不当な経済上の利益の提供要請の禁止

不当な経済上の利益の提供要請の禁止とは、下請事業者の義務でもないのに、金銭や役務等を提供させ、下請事業者に不利益を及ぼすことをいいます。

わかりにくいですが、たとえば、下請事業者の従業員を派遣させて、販売協力をさせたりすることがこれにあたります。

▶ 図 【書式例】発注書面

	平成○年○月○日
	○○○株式会社

注　文　書

_____殿

品名及び規格・仕様等

納　期	納入場所	検査完了期日

数量(単位)	単価(円)	代金(円)	支払期日	支払方法

○ 本注文書の金額は、消費税・地方消費税抜きの金額です。支払期日には法定税率による消費税額・地方消費税額分を加算して支払います。

出所）公正取引委員会：「下請代金支払遅延防止法第3条に規定する書面に係る参考例」

1 取引先とのトラブルを回避するための法律知識

1-10 オフィスビルを借りるときのポイント！ 契約期間とその種類

オフィスビルの賃貸借

事例 当社は、創業時からレンタルオフィスを利用してきましたが、事業も軌道に乗り、人も増やすこととなったため、レンタルオフィスを出て、オフィスビルを借りることになりました。オフィスビルを借りるときの注意点について教えてください。

ポイント

☑ 契約期間は自動更新になっていることが多く、更新しない場合にはあらかじめ連絡が必要です。契約によっては、期間の途中でも解約することができます。

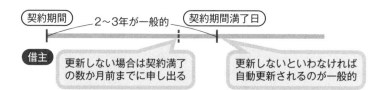

☑ 定期借家契約では賃貸期間満了で明け渡さなければなりません。

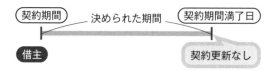

☑ 敷金や保証金は、契約の内容によりますが、一部が償却されるようなものもあります。

☑ 期間の途中に賃料を減額してほしい場合には、貸主に相談してダメなら裁判所に調停を申し立てます。

賃貸借契約期間の多くは自動更新。定期借家契約も

　自社で所有する不動産にオフィスがありますという会社もあると思いますが、オフィスを借りているという会社のほうが多いのではないでしょうか。特に、創業間もない頃等は、自宅兼オフィスであるか、オフィスを借りている会社が多いと思います。ここでは、オフィスを借りる際の留意点を見ていきますが、建物を借りる場合で、土地を借りる場合は異なりますので、ご注意ください。

　賃貸借契約の最も基本的な取り決めは、賃料と賃貸借期間です。賃料で気になるのは相場だと思いますが、相場は不動産屋さんに聞いていただくとして、賃貸借期間に関する法律の規定を見てみましょう。

貸主が契約更新を拒絶する場合には正当事由が必要

　建物を賃借するときは、事業用か居住用かの区別はなく、借地借家法が適用されます。借地借家法では、賃貸借期間を1年以上と定めた場合には、貸主と借主との間で合意した期間が賃貸借期間となります（1年未満の場合には、期間の定めがない賃貸借契約という扱いになります）。

　多くのオフィス賃貸借契約では、2〜3年契約で、契約期間満了の数か月前までに貸主または借主のどちらかが更新しないといわなければ、自動的に賃貸借期間が更新されるという契約になっていると思います。また、契約の中には、契約期間の途中でも解約できるという条項もあります。

　では、貸主が契約を更新しない、または中途解約するといえば賃貸借契約は終了してしまうのでしょうか？　たとえば、せっかくオフィスを借りて内装工事もしたのに、短期間で追い出されては、借主のほうは困ってしまいます。そこで、**借地借家法では、貸主が契約更新を拒絶する場合には、正当事由が必要であると定めています（借地借家法第28条）。正当事由というのは、建物の老朽化等です。中途解約についても、借主からはできますが、貸主からは通常認められません。**

定期借家契約について

　先ほど述べたように、賃貸借契約は自動的に更新されるようになっているのが通常ですが、契約期間が満了したら終了という賃貸借契約もあります。これを**定期借家契約**といいます。ショッピングモールにテナントとして入る場合等は、この定期借家契約になっていることが多いと思います。

　オフィスでも建替えや大規模修繕が予定されていて、それまでの期間だけということで、定期借家契約もあります。このような場合は、更新ができない分、相場より賃料が少し低めに設定されていることが多く、掘り出し物件があるかもしれません。しかし、内装工事をしても、契約期間満了で明渡しのときに処分しなければなりませんので、イニシャルコストも考慮する必要があります。

　定期借家契約というのは、先に述べたように契約の更新がない賃貸借契約で、期間満了により終了します。正当事由もいりません。ただし、定期借家契約が認められるためには、①一定の期間を定めること、②契約更新がないことを定めること、③契約書を作ること、④更新がないことを記載した書面を交付して説明すること、が必要とされています。

　もっとも、定期借家契約を締結したとしても、当事者間で合意すれば、期間満了後も借りることはできます。この場合には、更新ではなく再契約という扱いになります。ショッピングモールで区画を借りるような場合には、この定期借家契約を締結し、期間が満了したら再契約を繰り返すというのが多いようです。

▶ 図　通常の賃貸借と定期借家契約の違い

通常の賃貸借	内容	定期借家契約
あり	契約期間の定め	あり
あり	更新	なし
なし	契約書の作成義務	あり
なし	説明書面の交付義務	あり

📖 敷金は建物を返還するまで返ってきません

　敷金というのは、借主の賃料不払い等、貸主が借主の債務を担保する目的で借主から貸主に差し入れられるもので、建物を返還するまで返ってきません。契約の途中で、借主から賃料の未払い分と相殺することもできません。

　また、地域によっては、敷引き特約というのがあります。敷引き特約というのは、敷金を返還するときに、あらかじめ一定額を償却することを約束するものです。契約により敷引き特約の趣旨は様々ですが、多くの場合、原状回復費用をあらかじめ合意により一定額に確定しておく目的があります。そのため、原状回復費用を二重取りするようなことは認められません。

📖 賃貸人が破産した場合の敷金について

　なお、賃貸人が破産した場合は、賃借人はどうなるのでしょうか？

　まず、賃貸人（貸主）が破産した場合に賃借人（借主）はオフィスを出なければならないのかということですが、賃貸人が破産しても賃貸借契約が解約となるわけではないので、オフィスを出る必要はありません。そうなると、破産管財人（裁判所から選任された破産手続を取り仕切る弁護士です）は、賃貸借を解除できないので、賃貸借がある状態のまま、第三者に不動産を売却することになります。不動産が第三者に売却されると、新しい所有者が賃貸人になります。賃貸人が代わっても、法律上、賃貸借契約はそのまま引き継がれるものですが、多くの場合、新しい賃貸人と改めて賃貸借契約書を締結します。

　次に敷金ですが、破産管財人にもよりますが、新しい所有者（賃貸人）が敷金を返還することを前提として、不動産売買代金で調整することが通常だと思われますので、明渡し時には、敷金は新しい賃貸人に返還を求めます。

📖 保証金の趣旨は様々。契約の際に内容の確認を！

　保証金は、敷金と同様、賃貸借契約時に借主から貸主に差し入れられるものですが、その趣旨は様々で、一律に定まっているものではありません。そのため、契約の際に確認する必要があります。敷金と同趣旨のものもありますし、終了時に一定額金額を償却費として差し引かれる権利金（礼金）のような性質のものもあります。

📖 賃料減額が可能なときもあります

　借主からすれば、できるだけ賃料は低いほうがよいでしょう。では、契約途中で賃料を減額するにはどうすればよいでしょうか？

📖 賃料減額事由
　妥当な賃料は、専門家に鑑定を依頼して、賃貸借契約の内容や経緯、近隣の事例や、賃料を合意したあとの経済事情の変動割合等、様々な事情を考慮して決定されます。

📖 賃料減額の手続
　まず、貸主に賃料の減額を申し出て、当事者間で協議をします（「図【書式例】賃料減額の申入書」参照）。当事者間の話し合いでまとまればよいのですが、まとまらないときは、裁判所に調停を申し立て、裁判所に決めてもらいます。

▶ 図 【書式例】賃料減額の申入書

平成●年●月●日

●●社　御中

　　　　　　　　　　　　　　　　　　住所
　　　　　　　　　　　　　　　　　　　▲▲社
　　　　　　　　　　　　　　　　　　　代表取締役　■■

　　　　　　　　　　　賃料減額請求書

　冠省　弊社は、貴社との間で、平成●年●月●日に賃貸借契約を締結し、●●所在の建物【契約書の表示を記載】のうち、●階部分の●平方メートルを月額●万円で借りております。

　しかし、・・・周辺の賃料相場に照らすと、上記賃料は不相当であると思料致します。

　つきましては、平成●年●月以降の賃料につきましては、月額●万円への減額をお願いしたく、本書面をもって請求致します。

　　　　　　　　　　　　　　　　　　　　　　　　　　　草々

1-11 オフィスビル退去時のポイント！原状回復は借主負担です

事例 当社は順調に事業規模を拡大し、人員の増加も検討しています。この際、もっと大きなオフィスを借りて、もっと会社を大きくしていこうと思っているのですが、今借りているオフィスを出る際の注意点を教えてください。

ポイント

☑ 賃貸借を途中で解約するには、解約希望日の数か月前までに書面で通知する必要があります。ただし、契約によっては中途解約ができません。

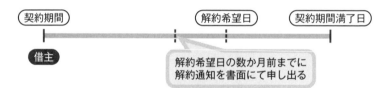

☑ 期間満了で賃貸借を終了する場合には、数か月前までに更新しないことを書面で通知する必要があります。

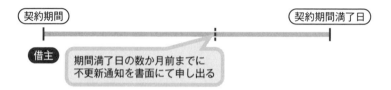

☑ 原状回復の範囲は、居住用とオフィスビルで異なります。
☑ 貸主からの解約の場合には、立退料が支払われることがあります。

📖 賃貸借契約の終了には書面による通知が必要です

　賃貸借契約は、賃貸借期間の途中で解約するか、更新をせずに契約期間満了で終了するか、のいずれかです。

📖 解約通知とは

　賃貸借契約の途中で解約するには、賃貸借契約書で、「解約日の●か月前までに通知」することとされています。

　この通知については、書面でなければならないとされていたり、貸主所定の書面とされていたりすることもあります。書面かどうかということが定められていないこともありますが、口頭ですと、通知した・しないでトラブルになる可能性がありますので、書面で出すのが望ましいです（「図【書式例】解約通知」参照）。

📖 契約不更新の通知とは

　次に、期間満了での終了について説明します。1-10でも説明しましたが、**通常は契約期間が自動更新となっていますので、何もいわなければいつの間にか契約期間が更新されてしまいます。**

　契約期間が更新されてしまうと、上記の途中解約の手続をとらなければならなくなります。そうならないためにも、借主は、貸主に、契約を更新しないということを伝えておかなければなりません。この契約不更新の通知も、「契約期間満了の●か月前までに通知しなければならない。」と定められていて、この期間を守らなければ更新されてしまいますので、きちんと契約書を確認しておきましょう。

　また、この不更新の通知も、書面によることと定められている契約もありますし、定められていなくてもトラブル防止のため書面で出すようにしましょう。サンプルを参考にしてください（「図【書式例】不更新通知」参照）。

▶ 図 【書式例】解約通知（貸主所定の書式がある場合にはそれに従う）

平成●年●月●日

●●社　御中

住所
▲▲社
代表取締役　■■

解約通知書

　弊社は、貴社との間で、平成●年●月●日に下記賃貸物件の賃貸借契約を締結しましたが、同契約●条に基づき、下記解約日をもって解約したく、通知致します。

1．賃貸物件
　　物件名称　●●
　　所 在 地　●●
　　対　　象　●●

2．解約日
　　平成●年●月●日

以上

▶ 図 【書式例】不更新通知（所定の書式がある場合にはそちらを利用）

平成●年●月●日

●●社　御中

住所

▲▲社

代表取締役　■■

不更新通知書

　弊社は、貴社との間で、平成●年●月●日に下記賃貸物件の賃貸借契約を締結しましたが、下記賃貸期間満了日をもって同契約を終了し、更新しないことを通知致します。

1．賃貸物件
　　物件名称　●●
　　所　在　地　●●
　　対　　象　●●

2．賃貸期間満了日
　　平成●年●月●日

📖 オフィスビルの原状回復には注意が必要です

賃貸借契約が終了すると、建物の中をきれいにして明け渡さなければなりません。これを原状回復といいます。

📖 原状回復の範囲

きれいにするといってもどの程度でしょうか？ 原状回復という文字通り、借りたときの状況に戻すことをいいます。

借りたときといっても、クロスや床のカーペットを張り替えて新品同様の状態にする必要まではありません。普通に使用しているだけで汚れてしまった部分（たとえば、クロスの日焼け等）については、張り替えたりする必要はありません。

しかし、通常の汚れを超えて、たとえば室内でタバコを吸っていて、クロスにヤニがついてしまったというような場合には、張り替えが必要になります。

📖 オフィスビルの場合

以上のように、通常使用の汚れについては、原状回復義務の範囲ではないというのが原則ですが、オフィスビルの場合には注意が必要です。居住用物件の場合には、通常の汚れをきれいにする義務はなく、これをきれいにさせる特約を入れても無効とされることが多いです。

しかし、オフィスビルの場合には、室内のクリーニング費用やクロスの張り替え、カーペットの入れ替えも借主負担とされていて、このような合意も有効とされています。

また、少しでも原状回復費用を安くするため、知り合いの内装業者に頼もうと思っても、借主が自分で内装業者に頼むことはできないケースが多いです。なぜなら、契約書の中に、「原状回復は、貸主指定の業者による」と定められていることが多いからです。

原状回復でのトラブルは多いです。このようなトラブルにならないようにするためにも、契約する前に契約書を確認しておきましょう。

立退料の算定で重要なのは営業補償です

　ここまで、契約終了の際に、借主が費用を負担しなければならないことを説明しましたが、今度は、契約終了に際し、借主が貸主から金銭を受け取れる場合について説明します。

貸主から解約する場合の正当事由
　1-10 でも説明しましたが、定期借家契約でない場合に、貸主が、解約または契約不更新とするには、正当事由が必要となります。具体的には、建物の賃貸人と賃借人が建物の使用を必要とする事情のほか、従前の経過、建物の利用状況・現況を考慮するほか、立退料の申出も 1 つの事情として考慮されます（借地借家法第 28 条）。

立退料の算定
　立退料の金額は、事案ごとに様々ですので、算定式や基準等に明確なものがあるわけではありませんが、次のような事情を考慮して決定されています。

　　①法人の資本金や業績等
　　②建物の状況（築年数、修理費、近隣の状況等）
　　③賃貸借契約の状況（契約締結の経緯、賃料改定の状況、近隣相場との比較、権利金等）
　　④立退交渉の状況
　　⑤営業補償

　この中でも借主が一番気になるのは、営業補償ではないでしょうか。営業補償というのは、移転費用や、休業期間の補償、移転先で売上の減少等が考慮されます。また、どのくらいの期間が補償されるのかも非常に重要になってきます。

第 **2** 章

従業員とのトラブルを回避するための法律知識

～ 雇用・賃金・ハラスメント・解雇等 ～

2-1 残業代は「労働時間」に対して支払います

事例 最近、定時を過ぎても社内に残っている従業員が多いようです。ちゃんと仕事をしてくれていればいいのですが、仕事とは関係のない話をしていたり、夕食に出かけていたりする等、残業をしているとは到底いえないと思います。それにもかかわらず、残業代を支払っているため、当社の人件費が膨らんできてしまいました。当社としては、上記のようなのは残業とはいえないと思うのですが、残業代を支払わなくてもよいのではないでしょうか？ また、どのようにすれば残業代を抑えることができるのでしょうか？

ポイント

- ☑ 法定労働時間を超えて労働させた場合に割増賃金が発生します。
- ☑「労働時間」とは「労働者が使用者の指揮命令下に置かれている時間」かどうかで判断されます。
- ☑ ダラダラ残業を減らすには、残業を事前許可制にし、その運用をしっかり行うことが肝要です。

法定労働時間を超えた場合に割増賃金が発生します

　会社（使用者）は、原則として、1日8時間、週40時間を超えて、従業員に労働させてはならないとされています（労働基準法第32条。法定労働時間）。1日8時間、週40時間を超えて従業員に労働してもらうためには、いわゆる三六（サブロク）協定を締結しなければなりません（労働基準法第36条）。そして、三六協定を締結するだけでなく、会社は、従業員に対し、通常の賃金に加えて割増賃金として通常の賃金の25％相当額を支払わなければなりません（労働基準法第37条。割増賃金の割合については **2-2** も参照してください）。

　具体的にどういうことか、見ていきましょう。

月曜日〜金曜日・週5日、1日8時間勤務の場合

▶ 表　■と■は割増賃金が発生

	月	火	水	木	金	土	日
9時間	■						
8時間					■		
7時間							
6時間							
5時間							
4時間						■	
3時間						■	
2時間						■	
1時間						■	

　月曜日から金曜日まで週5日、1日8時間勤務の会社を考えましょう。まず、月曜日に仕事が終わらなかったため1時間だけ残業したとします。8時間の部分（色の薄いグレー部分■）は法定労働時間内ですが、残業の1時間の部分（色の濃いグレー部分■）は1日8時間を超えて労働しているので法定労働時間を超えています。したがって、会社は従業員に対して1日8時間を超えた1時間分に対して割増賃金を支払わなければなりません。

次に、金曜日は残業することなく定時にあがれたとしましょう。この場合、1日8時間しか働いていないので1日8時間を超えて労働したことにはなりません。しかし、8時間のうち最後の1時間（黒色の部分）は週40時間を超えていますので、この週40時間を超えた1時間分に対して割増賃金を支払わないといけないということになります。

土曜日の4時間（黒色部分）は全て割増賃金を支払わなければなりません。

月曜日～金曜日・1日7時間、土曜日・1日5時間、週40時間勤務の場合

▶ 表　■は割増賃金が発生

	月	火	水	木	金	土	日
9時間							
8時間							
7時間							
6時間							
5時間						■	
4時間							
3時間							
2時間							
1時間							

では次に、月曜日から金曜日まで1日7時間、土曜日1日5時間、週40時間勤務の会社を考えましょう。金曜日に仕事が終わらなかったため1時間だけ残業したとします。この場合、所定労働時間（雇用契約や就業規則で決まっている時間）である7時間を超えて労働していますが、1日8時間を超えて労働していないため、その1時間分に対して割増賃金を支払う必要はありません。**「所定外労働時間」と「法定外労働時間」を区別して考えなければならないのです。**

土曜日の最後の1時間（黒色の部分）は40時間を超えていますので、割増賃金を支払わなくてはなりません。

📖 どのような場合に労働時間と評価できるか

　このように、法定「労働時間」を超えると割増賃金が発生します。では、「労働時間」とは、どういう時間をいうのでしょうか？　「労働時間」と評価できるかどうかで割増賃金の発生の有無が変わります。

　この点について、最高裁は「労働時間」とは「労働者が使用者の指揮命令下に置かれている時間」をいうとしています（最判　平成12年3月9日）。行政解釈も「労働時間」とは「労働者が使用者の指揮監督のもとにある時間」としています。

　また、同最判は、「労働者の行為が使用者の指揮命令下に置かれたものと評価することができるか否かにより客観的に定まるものであって、労働契約、就業規則、労働協約等の定めのいかんにより決定されるべきものではない」としています。つまり、就業規則や三六協定で、たとえば、延長することができる時間は2時間と書いてあったからといって、2時間分の割増賃金を払えばよいというわけではなく、指揮命令下に置かれている時間が3時間であれば、3時間分の割増賃金が発生するということです。

　そして、「指揮命令下に置かれている時間」かどうかは、次の事情を総合的に考慮して判断されます。そして、**指揮命令があるかどうかは明示的であっても黙示的であってもよい**とされています。

①指揮命令があるか否か
②場所的に拘束されているか否か
③時間的に拘束されているか否か
④業務と関連しているか否か　　　等

📖 労働時間といえるかどうか、具体的に考える

　では、事例のように、就業時間が終わったあとまで社内に残っていたような場合には、「労働時間」といえるのでしょうか？

　たとえば、上司が従業員に対して残業を命じた場合（明示的）は、当然「指揮命令下に置かれている」といえるでしょう（①）。また、上司が、従

業員が就業時間後も業務をしているのを知りながら退社を促さなかった場合（黙示的）にも、「指揮命令下に置かれている」といえるでしょう（①、②、④）。

また、そもそも所定労働時間から続けて業務をしていたのですから、指揮命令があり（①）、時間的・場所的にも拘束されており（②、③）、業務と関連している（④）とされる可能性は高いでしょう。

なお、上司が従業員に対して残業をしないように命じていたとしても、あまりにも多くの業務量を与えることにより残業せざるを得ないような状況を作り出していたような場合には、「使用者の指揮命令下に置かれている」と判断されてしまうでしょう。

このように在社しているようなケースでは、明らかに業務をしていないことを立証することができれば、「労働時間」ではないといえるでしょうが、通常、どの時間にどういう業務をしていたのかという立証は難しく、**多くの場合、在社していた時間が「労働時間」であるといわれるリスクは高いといえるので注意が必要です。**

残業を事前許可制にし、その運用をしっかりと

上記のとおり、明示的に残業を命じた場合だけでなく、黙示的であっても「指揮命令」があったと判断されてしまうことがあります。このような**不明確さをなくすためにも、残業を事前許可制にすることが考えられます。**残業をするには上司の許可が必要とし、事前に許可が得られなかった場合には事後報告をさせます（「図【書式例】残業申請書」参照）。

就業規則に定める文例としては、次のとおりです。

【所定外労働・休日労働について就業規則に定める例】

> 第〇条(所定外労働・休日労働)
> 所定外労働又は休日労働の必要が生じた場合、従業員は、事前に所属長に申請し、その許可を得なければならない。事前に所属長の許可を得ることができない場合には、事後直ちに届け出て、その承認を得なければならない。

そして、このように事前許可制を定めるだけでなく、しっかりと事前許可制の運用をすることが大切です。事前許可制としたにもかかわらず、従業員が許可なく残業しているのを放置してはいけません。従業員が事前の許可なく残業しているようであれば、上司としては、注意をしたり、業務命令、さらには懲戒処分に処することも検討する必要があるでしょう(「図 【書式例】業務命令書」参照)。

会社としても、従業員としても、不必要な残業をしないように意識的に取り組む必要があるでしょう。

▶ 図 事前許可制にすることで、残業に対する意識改革を!

▸ 図 【書式例】残業申請書

平成●年●月●日

残業申請書

(氏名)

下記のとおり、時間外勤務をする必要がありますので、申請致します。

1　理由

2　予定日時　　●時～●時

部長	課長

▶ 図 【書式例】業務命令書

平成●年●月●日

●● ●●殿

業務命令書

●●株式会社

代表取締役　●●

　貴殿は、当社の指示にもかかわらず、所定時間後も在社しております。当社は、貴殿に対して所定時間内で業務を終えることができる業務を与えており、所定時間後も在社し業務する必要性はまったくありません。

　したがいまして、貴殿に対し、所定時間後の残業を禁止するよう命じます。

　なお、所定時間後も在社していたとしても、労働時間と認めず、割増賃金も支給致しません。

以上

2-2 定額残業代制を導入しても、別途残業代が発生することがあります

固定残業代

事例 当社でも、残業する場合には上長の許可を必要とするように制度を変更しました。今のところ従業員も理解してくれており、制度の運用もしっかりできています（2-1参照）。ただ、残業の事前許可制だけでは、人件費がどの程度になるのかがいまいちよくわかりません。また、仕事が早い人は残業代が付かず、遅い人は残業代が付いてしまい、支給額に差が付いてしまっています。

これでは従業員のモチベーションが下がってしまうように感じます。何かよい方法はないでしょうか。

ポイント

- ☑ 従業員が残業した場合等には、会社は、従業員に対し通常の賃金に加えて割増賃金を支払わなければなりません。
- ☑ 一定の割増賃金を基本給に付加して支払う定額残業代制を利用することがあります。
- ☑ 定額残業代制の要件を満たしているかどうかの判断は難しいため、十分な検討が必要です。

📖 法定労働時間を超えた場合に割増賃金が発生します

　従業員が残業した場合等には、会社は、従業員に対し通常の賃金に加えて割増賃金を支払わなければなりません（労働基準法第37条1項）。具体的には、次のとおりです。

① 1日8時間、週40時間を超えて労働した場合（※）　25％以上
② 法定休日に労働した場合　　　　　　　　　　　　35％以上
③ 深夜労働した場合　　　　　　　　　　　　　　　25％以上
※時間外労働が1か月60時間を超えたときには50％以上とされていますが、中小企業については、当分の間、適用が猶予されています。

　したがって、たとえば、ある日9時間働いたから、その次の日に7時間にすることを理由として割増賃金を支払わない、ということはできません。従業員が9時間働いたのであれば8時間を超える1時間分については、割増賃金を支払わないといけないのが原則です。
　しかし、従業員が残業する都度割増賃金を支払うというのでは、割増賃金がどの程度になるのかが事前にはわかりません。また、逐一割増賃金を計算するのも大変です。

📖 定額残業代制には、定額給制と定額手当制があります

　そこで、一定の割増賃金を基本給に付加して支払う定額残業代制を利用することが考えられます。**残業が毎月一定程度発生するという会社の場合には、定額残業代制を利用することにより、定額残業代の範囲内で割増賃金の計算を省略することができますし、割増賃金がどの程度になるのかがわかりやすいといえるでしょう。**
　そして、定額残業代制には、基本給のうち割増賃金にあたる部分を組み入れる定額給制と、基本給とは別に割増賃金として一定の手当を支払う定額手当制があります。

▶ 表　定額給制と定額手当制

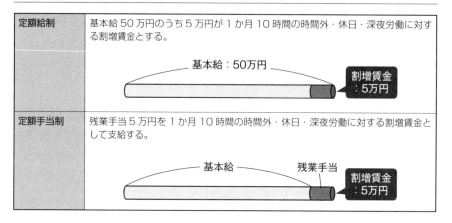

📖 定額残業代制として認められるためには？

では、定額残業代制として認められるためには、どのような要件を満たす必要があるでしょうか。

裁判例では、割増賃金が基本給に含まれているか否かが争われた事案で、次のように判示されています（東京地判　昭和60年1月30日。控訴審及び最高裁もこの判断を是認しています）。

> 「仮に、月一五時間の時間外労働に対する割増賃金を基本給に含める旨の合意がされたとしても、**その基本給のうち割増賃金に当たる部分が明確に区分されて合意がされ**、かつ労基法所定の計算方法による額がその額を上回るときはその差額を当該賃金の支払期に支払うことが合意されている場合にのみ、その予定割増賃金分を当該月の割増賃金の一部又は全部とすることができるものと解すべき」である（太字筆者注）。

この判示からわかるとおり、定額給制の場合には割増賃金として支給されていたといえるためには、基本給のうち割増賃金にあたる部分が明確に区分されているかどうかがポイントとされています。

また、割増賃金を定額手当として支給する場合（定額手当制）には、その定額手当が割増賃金の支払いに代えて支給されていることが明確になっていなければなりません。

定額残業代制でも、別途割増賃金が発生することがあります

いずれの場合であっても、定額残業代として支給されている金額を超えて割増賃金が発生した場合には、会社は、従業員に対して、別途、割増賃金を支払わなければなりません。したがって、**完全に固定の定額残業制ということにすることはできないので、注意が必要です**。

なお、**定額残業代を支払っているからといって、従業員の労働時間を管理しなくてもよいということではありませんので、間違えないようにしてください**。

基本給と定額残業代をあいまいにしてはいけません

なお、採用や募集の場面で、少しでも条件面をよく見せたいためか、基本給を低く設定しておきながら、定額残業代を含めた金額を基本給として表記していることがあります。しかし、このような表記は採用後、トラブルに発展するおそれがあります。基本給と定額残業代の部分をあいまいにすることはトラブルのもとですし、定額残業代を支払っていたのに、それが割増賃金として認められないということにもなりかねません。

このようなことにならないよう、就業規則等を整備しておく必要があるでしょう。

【就業規則例（定額手当制）】

第○条

1　従業員に対し、月額●円の●手当を支給する。

2　第1項の●手当は、●時間分の時間外、休日及び深夜勤務手当として支給する。

2-3 管理職でも残業代を支払う必要があることがあります

事例 部長等の管理職にすれば残業代を支払う必要がないと聞いたことがあります。そこで、一般の従業員も「部長」等の肩書を与えて、残業代を支払わなくてもよいようにすることは可能なのでしょうか？

ポイント

- ☑ 労働基準法上の管理監督者であれば、1日8時間、週40時間の法定労働時間の制限等がありません。ただし、労働基準法上の管理監督者であっても、深夜労働をした場合には深夜割増賃金を支払わなければなりません。
- ☑ 従業員に「部長」「工場長」等の肩書を与えても、その実質がないような場合には、管理監督者として認められません。
- ☑ その従業員が管理監督者かどうかは、①職務内容、権限、責任、②労働時間に関する自由裁量性、③待遇面での優遇等の事情を総合的に考慮して判断されます。

📖 管理監督者には労働時間等の規定が適用されません

2-1 でも確認したとおり、会社は、原則として、1日8時間、週40時間を超えて、従業員に労働させてはならないとされています（労働基準法第32条。法定労働時間）。1日8時間、週40時間を超えて従業員が労働した場合には、会社は従業員に対し通常の賃金に加えて通常の賃金の25％相当額の割増賃金を支払わなければなりません。

しかし、**法定労働時間を超えて働いたり、休日に働いたりしても割増賃金を支払わなくてもよい従業員もいます**。それが「管理監督者」です。労働基準法上の管理監督者に該当すれば、労働時間、休憩及び休日に関する規定が適用されません（労働基準法第41条第2号）。

ただし、ある従業員が管理監督者に該当する場合であっても、深夜労働に関する規定は適用されますので、**深夜労働をした場合には、会社はその従業員に対して割増賃金を支払わなければならないことには留意が必要**です。

まとめると、従業員が管理監督者に該当する場合の効果として、次のようなことがあげられます。

＜従業員が管理監督者に該当する場合の効果＞
・労働時間、休憩、休日に関する規定 … 割増賃金：不要！
・深夜労働に関する規定 ………………… 割増賃金：必要！

📖 管理監督者かどうかに肩書は関係ありません

「管理監督者」という語感から、部長等の管理職をイメージされる方も多いのではないでしょうか。どのような従業員であれば「管理監督者」といえるのか、ここで労働基準法を確認することにしましょう。

労働基準法上、管理監督者とは、「事業の種類にかかわらず監督若しくは管理の地位にある者」をいい（労働基準法第41条第2号）、「一般的には、部長、工場長等労働条件の決定その他労務管理について経営者と一

体的な立場にある者の意であり、名称にとらわれず、実態に即して判断すべきである」とされています（昭和63年3月14日 基発150号）。

　具体的には、①「当該労働者が実質的に経営者と一体的な立場にあると認めるに足るだけの重要な職務と責任、権限を付与されているか」（**職務内容、権限、責任**）、②「自己の出退勤をはじめとする労働時間の決定について厳格な制限・規制を受けない立場にあるか」（**労働時間に関する自由裁量性**）、③「一般の従業員と比較してその地位と権限に相応しい賃金（基本給、手当、賞与）上の待遇を付与されているか」（**待遇面での優遇**）等の事情を総合的に考慮して判断することになります（東京地判 平成24年7月27日等）。

　＜管理監督者に該当するか否かの判断要素＞
　①職務内容、権限、責任
　②労働時間に関する自由裁量性
　③待遇面での優遇

　それでは、これらの要素を具体的に見ていきましょう。

📖 職務内容、権限、責任について

　職務内容、権限、責任については、一定程度の権限及び責任があればよいというわけではなく、「**経営者と一体的な立場にある**」と認められるかどうかが重要です。「経営者と一体的な立場にある」とは、「担当する組織部分が企業にとって重要な組織単位であり、かつ、そうした組織部分に経営者の分身として経営者に代わって管理を行う立場」をいい、裁判例では、具体的な勤務実態から判断されています。

　あるファーストフード店の店長の管理監督者性が争われた事案において、「店長は、店舗の責任者として、アルバイト従業員の採用やその育成、従業員の勤務シフトの決定、販売促進活動の企画、実施等に関する権限を行使し、M社の営業方針や営業戦略に即した店舗運営において重要な職責を負っていることは明らかであるものの、店長の職務、権限は店舗内の

事項に限られるのであって、企業経営上の必要から、経営者との一体的な立場において、労働基準法の労働時間等の枠を超えて事業活動をすることを要請されてもやむを得ないものといえ〔る〕ような重要な職務と権限を付与されているとは認められない」とされています（東京地判 平成20年1月28日）。

確かに、店長も重要な役割を負っていますが、その権限が店舗内に限定されているとなると、「経営者と一体的な立場にある」とはいい難いということがおわかりいただけると思います。「店長」という肩書を与えたからといって、労働基準法上の管理監督者とはならないのです。

労働時間に関する自由裁量性について

管理監督者といえるためには、出退勤をはじめとする自己の労働時間の決定について厳格な制限・規制を受けないことが必要です。

タイムカードによって時間管理されていたり、長時間労働が続いていたりすると、労働時間を自ら調整することができないと判断されてしまうので、注意が必要です。

待遇面での優遇について

待遇面においても、**一般の従業員と比較してその地位と権限に相応しい賃金（基本給、手当、賞与）上の待遇を付与されていること**が必要です。

管理監督者かどうかは総合的に判断します

以上の要素を総合的に判断して、管理監督者となるかどうかが判断されます。したがって、その従業員に「部長」や「工場長」等の肩書を与えていたとしても、何らの権限がなかったり、出退勤を管理されていたり、何らの役職手当もないような、**管理監督者としての実質がない場合には、管理監督者として認められず、割増賃金等の支払いを請求されるおそれがある**ので注意が必要です。

2-4 セクハラは会社にも責任があるとされることがあります

事例 先日退社した女性従業員から「業務時間中、Y部長に、頭、肩、手首等を触られたりした。Y部長のこれらの行為はセクハラである。Y部長を雇っていた会社にも責任があるから、慰謝料等の損害賠償を支払え」という内容証明が届きました。会社としては、セクハラとまではいえないのではないかと思うのですが、セクハラになるのでしょうか？
また、Y部長を雇っているとはいえ、Y部長個人の行為にまで会社は責任を負わないといけないのでしょうか？

ポイント

☑ セクハラには、対価型セクハラと環境型セクハラに分類されます。

☑ セクハラとなるかは「従業員の意に反する」かどうかがポイントです。

☑ セクハラだと主張するすべてが不法行為となるわけではなく、「接触行為の対象となった相手方の身体の部位、接触の態様、程度等の接触行為の外形等」の事情を総合的に考慮して不法行為となるかを判断します。

☑ セクハラをした従業員だけでなく、会社も責任を負う場合があります。

☑ セクハラが起きないよう予防をするとともに、起きてしまったときのために相談窓口を設ける等、対策を講じておくことが必要です。

📖 セクシュアルハラスメントとは

セクシュアルハラスメント（セクハラ）は、男女雇用機会均等法第11条において、「職場において行われる性的な言動に対するその雇用する労働者の対応により当該労働者がその労働条件につき不利益を受け、又は当該性的な言動により当該労働者の就業環境が害されること」とされています。

セクハラは、概念上、対価型セクハラと環境型セクハラに分類されています。対価型セクハラと環境型セクハラの意味は、表のとおりです。

▶ 表　対価型セクハラと環境型セクハラ

類　型	内　容
対価型セクハラ	従業員の意に反する性的な言動に対して当該従業員が拒絶したり等したことに対し、解雇、減給等の不利益を受ける場合
環境型セクハラ	不利益はないものの、従業員の意に反する性的言動により職場環境が悪化する場合

📖 どのような場合にセクハラが不法行為になるのか

セクハラは「被害者がセクハラだと思ったらセクハラだ」とよくいわれます。これが、「従業員の意に反する性的な言動」という意味です。

しかし、被害者がセクハラだと主張したからといって、そのすべてが不法行為（民法第709条）になるわけではありません。ではどのような態様であれば、不法行為になるのでしょうか？

裁判例上では、次のような事情を総合的に考慮して、「社会通念上許容される限度を超える」かどうかを判断しています（東京地判 平成16年1月23日）。

①接触行為の対象となった相手方の身体の部位
②接触の態様、程度等の接触行為の外形
③接触行為の目的

④相手方に与えた不快感の程度
⑤行為の場所・時刻
⑥勤務中の行為か否か
⑦行為者と相手方との職務上の地位・関係　等

加害者の法的責任：損害賠償義務を負います

　セクハラが不法行為となり違法であれば、加害者は、被害者との関係で不法行為責任に基づき損害賠償義務を負います（民法第709条）。損害賠償としては、慰謝料のほか、セクハラに起因して休業や退職を余儀なくされたことによる休業損害（逸失利益）も認められることがあります。
　また、セクハラの態様によっては、強姦罪（刑法第177条）、強制わいせつ罪（刑法第176条）になるおそれもあります。

会社の法的責任：使用者として責任を負うことも

　セクハラに関して責任を負うのは加害者だけではなく、加害者を雇用する会社にも責任が認められることがあります。すなわち、会社は従業員を雇用しているところ、従業員が「事業の執行につき」他人に損害を与えた場合には、会社は使用者として責任を負うとされています（民法第715条。使用者責任）。そのため、従業員が事業の執行についてセクハラをした場合には、会社として責任を負う場合があるのです。
　また、**会社は従業員に対してセクハラが起こらないよう職場環境に配慮する義務があると考えられ、その義務違反として責任を負うことがあります**（民法第415条）。この場合、いわば会社も一種の「加害者」ということになるでしょう。

セクハラへの会社の対応

　会社としては、セクハラの被害をなくし、また会社として責任を負うこ

とを回避するためにも、次項の「セクハラが起こらないよう、講ずべき措置」に従い、会社としてセクハラが起きないように適切に対応しなければなりません。

他方、加害者については、会社との関係で、懲戒処分の対象となると考えられます。この懲戒処分を行うか否かも、セクハラ行為の態様・程度、行為者と相手方との地位・関係等諸般の事情を踏まえて慎重に判断する必要があります。

懲戒処分については、2-8 を参照してください。

セクハラが起こらないよう、講ずべき措置とは

会社は、上記のようにセクハラが起こらないようにするため、雇用管理上、「事業主が職場における性的な言動に起因する問題に関して雇用管理上講ずべき措置についての指針（平成 18 年 厚生労働省告示第 615 号）」で示された「事業主が職場における性的な言動に起因する問題に関し雇用管理上講ずべき措置の内容」にある措置を講じなければならないとされています。たとえば、セクハラに関する相談窓口を設け、その担当者が相談に対し適切に対応できるようにしておかなければなりません。また、万が一セクハラが生じた場合には、事後において迅速かつ適切に対応することが望まれます。他の具体的な内容については、本節末をご覧ください。

マタニティハラスメントとは

最近では、セクハラではありませんが、「マタニティハラスメント」（マタハラ）も新たな問題として提起されています。

マタハラとは、「妊娠・出産、育児休業等を理由として降格や解雇等の不利益な取り扱いを行うこと」をいうとされています。マタハラは特段の事情がない限りは違法であると解されており（最判 平成 26 年 10 月 23 日）、今後、より問題になるものと思われます。

▶ 【事業者が職場における性的な言動に起因する問題に関し雇用管理上講ずべき措置の指針（抜粋）】

(1) 事業主の方針の明確化及びその周知・啓発
　イ　職場におけるセクシュアルハラスメントの内容及び職場におけるセクシュアルハラスメントがあってはならない旨の方針を明確化し、管理・監督者を含む労働者に周知・啓発すること。
　ロ　職場におけるセクシュアルハラスメントに係る性的な言動を行った者については、厳正に対処する旨の方針及び対処の内容を就業規則その他の職場における服務規律等を定めた文書に規定し、管理・監督者を含む労働者に周知・啓発すること。

(2) 相談（苦情を含む。以下同じ。）に応じ、適切に対応するために必要な体制の整備
　イ　相談への対応のための窓口（以下「相談窓口」という。）をあらかじめ定めること
　ロ　イの相談窓口の担当者が、相談に対し、その内容や状況に応じ適切に対応できるようにすること。また、相談窓口においては、職場におけるセクシュアルハラスメントが現実に生じている場合だけでなく、その発生の恐れがある場合や、職場におけるセクシュアルハラスメントに該当するか否か微妙な場合であっても、広く相談に対処し、適切な対応を行うようにすること。

(3) 職場におけるセクシュアルハラスメントに係る事後の迅速かつ適切な対応
　イ　事案に係る事実関係を迅速かつ正確に確認すること
　ロ　イにより、職場におけるセクシュアルハラスメントが生じた事実が確認できた場合においては、速やかに被害を受けた労働者（以下「被害者」という。）に対する配慮のための措置を適正に行うこと。

ハ　イにより、職場におけるセクシュアルハラスメントが生じた事実が確認できた場合においては、行為者に対する措置を適正に行うこと。

　　ニ　改めて職場におけるセクシュアルハラスメントに関する方針を周知・啓発する等の再発防止に向けた措置を講ずること。

(4)　(1) から (3) までの措置と併せて講ずべき措置

　　イ　職場におけるセクシュアルハラスメントにかかる相談者・行為者等の情報は当該相談者・行為者等のプライバシーに属するものであることから、相談への対応又は当該セクシュアルハラスメントにかかる事後の対応に当たっては、相談者・行為者等のプライバシーを保護するために必要な措置を講ずるとともに、その旨を労働者に対して周知すること。

　　ロ　労働者が職場におけるセクシュアルハラスメントに関し相談をしたこと又は事実関係の確認に協力したこと等を理由として、不利益な取り扱いを行ってはならない旨を定め、労働者に周知・啓発すること。

出所）厚生労働省：「事業主が職場における性的な言動に起因する問題に関して雇用管理上講ずべき措置についての指針（平成18年厚生労働省告示第615号）」

2-5 パワハラも指導の一環？ 予防と解決のためのポイント

事例 私は、従業員がうっかりミスをしたとき等には「やる気がないならやめてしまえ！」等と厳しくいってしまいます。暴言・侮辱等といわれるような発言なのかもしれませんが、現在、当社で一線級の働きをしてくれている者はこのようにして育て上げ、その者達も期待に応えてくれました。私にとっては、このような発言も指導の一環のつもりなのです。

しかし、最近の若い従業員にとってはそうでもないようで、パワハラだという者もいるようなのです。指導の一環であったとしても、パワハラになってしまうのでしょうか。

ポイント

- ☑ パワーハラスメントとは、「同じ職場で働く者に対して、職務上の地位や人間関係等の職場内の優位性を背景に、業務の適正な範囲を超えて、精神的・身体的苦痛を与える又は職場環境を悪化させる行為」をいいます。
- ☑ 上司から部下に対するパワーハラスメントだけでなく、部下から上司に対するパワーハラスメントや同僚間のパワーハラスメントも問題になります。
- ☑ 行為者だけでなく、会社自身も債務不履行・使用者責任を負うことがあります。

📖 パワーハラスメントとは

　近年、パワーハラスメント（パワハラ）が労働問題として多くなってきており、平成16年度には約14,000件だったのが、平成26年度には約62,000件にまで増えています（出所：厚生労働省・あかるい職場応援団「データで見るパワハラ」）。パワハラは、職場の労働問題として無視できない問題となっています。

　パワハラとは、「同じ職場で働く者に対して、職務上の地位や人間関係などの職場内の優位性を背景に、業務の適正な範囲を超えて、精神的・身体的苦痛を与える又は職場環境を悪化させる行為」をいうとされています（出所：厚生労働省「職場のいじめ・嫌がらせ問題に関する円卓会議ワーキング・グループ」）。

　具体的には、次のような行為が類型としてあげられています。

①暴行・傷害（身体的な攻撃）
②脅迫・名誉毀損・侮辱・ひどい暴言（精神的な攻撃）
③隔離・仲間外れ・無視（人間関係からの切り離し）
④業務上明らかに不要なことや遂行不可能なことの強制、仕事の妨害（過大な要求）
⑤業務上の合理性なく、能力や経験とかけ離れた程度の低い仕事を命じることや仕事を与えないこと（過小な要求）
⑥私的なことに過度に立ち入ること（個の侵害）

　多くの場合、上司から部下に対するパワハラが問題となりますが、最近では部下から上司に対するパワハラや同僚間のパワハラも問題になっています。

📖 指導の一環としての行為はどうなのか

　パワハラは、「指導の一環」「叱咤激励」と称して行われることがありま

す。ミスをしたとき等、時には厳しく叱責することもありえるでしょう。

　暴力が振るわれたというようなケースであれば違法性が認められるのが一般的ですが、激しい口調等で責め立てるというような行為がパワハラとして違法となるかどうかは、行為の目的、態様、頻度、継続性の程度、被害者と加害者の関係性等の事情を総合的に考慮して、社会通念上正当な職務範囲を超えるかどうかで判断することになります。裁判例では、他の従業員がいる目の前で「ばかやろう」等と繰り返しいったり、「お前は電話をとらなくていい」等といって仕事を減らしたりしたという事案では、違法であると判断された事案があります。

パワハラの法的責任：会社が負うこともあります

　パワハラが不法行為となり違法であれば、まず加害者自身が被害従業員との関係で不法行為責任に基づき損害賠償義務を負います（民法第709条）。

　パワハラが「その事業の執行について」行われた場合には、会社は、使用者責任を負います（民法第715条）。また、会社として講ずべき措置を講じていなかった場合には、会社自身の被害従業員に対する労働契約上の安全配慮義務違反となることもあります（民法第415条）。

　損害賠償としては、慰謝料が認められるケースがほとんどですが、最近では、パワハラが繰り返され、被害従業員が自殺してしまったという事例において、慰謝料だけでなく逸失利益約4,300万円の損害賠償が認められています（福井地判 平成26年11月28日）。

　このようにパワハラには、被害従業員にとっても、会社にとっても甚大な被害が生じてしまうおそれがあるのです。

パワハラを予防し、解決するには

　以上のとおり、パワハラは経営上重要な問題といえます。このパワハラを予防し、万が一パワハラが起きてしまった場合に解決するためにどのよ

うにしたらよいのでしょうか？

📖 パワハラを予防するには

「職場のいじめ・嫌がらせ問題に関する円卓会議ワーキング・グループ」による報告書では以下の点が重要であるとされています。

まずは、パワハラを予防するためには、社長自身が職場からパワハラをなくすべきであることを示す必要があります。また、会社として、実態を把握し、就業規則等においてルールを定め、従業員に対して周知徹底し、研修を実施する等して教育していくことにより、パワハラを予防していかなければなりません。

また、万が一パワハラが起きてしまった場合に備え、相談窓口を設置し、被害の相談をしやすくしておかなければなりません。

📖 パワハラを解決するには

従業員からパワハラの相談があった場合には、まず、当該従業員からヒアリングをして事実関係を確認することが重要です。とはいえ、中小企業では、このよう事実調査はあまり行ったことがないというところも多いと思います。そこで、ヒアリングをする際には、「図　【書式】パワーハラスメント相談記録票」で示すような相談票を利用すると進めやすくなります。

次に、行為者や第三者に対して、ヒアリングを行います。このときに、とても重要なのが、行為者や第三者に対してヒアリングを行うことについて、相談者の了承を得ておく必要があるということです。

ヒアリングを経て、事実関係を確認したら、会社としての対応を検討します。パワハラがあった場合には、行為者に指導するとともに、懲戒処分や配置転換も検討します。ただ、パワハラの判断は非常に難しいので、対応策も含め専門家に相談することが望ましいです。

▶ 図 【書式例】パワーハラスメント相談記録票

参考資料11　　**（表面）パワーハラスメント相談記録票**　　受付NO

【相談者の情報】

相談受付日時	年　　　月　　　日
氏名	
所属	
連絡先 （内線又は携帯）	
メールアドレス	＠
社員番号	

【内容】

	いつ	誰から（相談者との関係）	どのような （受けた場所、状況、パワハラと感じた具体的な言動など）	同席者や目撃者の有無 ／所属や名前など
①	年　月　日 　　時ごろ			
②	年　月　日 　　時ごろ			
③	年　月　日 　　時ごろ			
④	年　月　日 　　時ごろ			

出所）厚生労働省：あかるい職場応援団「パワーハラスメント対策導入マニュアル（第2版）」

（裏面）パワーハラスメント相談記録票

受付NO

【相談内容の整理】

類型	具体例	相談内容への当てはめ	社内規程上の位置付け
①身体的な攻撃	暴行、障害		
②精神的な攻撃	脅迫、名誉毀損、侮辱、ひどい暴言、人格否定的な発言		
③人間関係からの切り離し	隔離、会議・研修に出席させない、仲間外し、挨拶をしない、無視		
④過大な要求	業務上明らかに不要なことや遂行不可能なことの強制、仕事の妨害		
⑤過小な要求	能力・経験とかけ離れた程度の低い仕事の命令、仕事を与えない		
⑥個の侵害	私的なことに過度に立ち入る、プライバシーを暴露される		
①～⑥以外	退職強要、異動・配置転換、降格、権限を奪う、他人のミスの責任を負わせる、差別的な呼び方・あだ名で呼ぶ、監視をされる		

【相談者の生活・身体・精神への影響】

休暇取得	
時間外、休日労働	
身体面への影響	
精神面への影響	

【その他確認事項】

対象は自分だけか、人を区別して行われているのか	
上司、同僚、外部相談機関等への相談状況	
職場環境への影響	
相談者の希望 例：調査してほしい、指導してほしい、配置転換等の人事上の措置、様子を見たい、等	

2 従業員とのトラブルを回避するための法律知識

2-6 インターネットの私的利用を理由に解雇できますか？

事例

当社では従業員がパソコンを利用して業務を行っていますが、中には仕事をしている振りをして、インターネットサーフィンをしているような者もいます。業務と関係のなさそうなページを見ている者がいる場合には注意をしたりもしていますが、あまり改善されないようです。
このようにインターネットを私的利用している場合には、解雇等をしてもよいのでしょうか？

ポイント

- ☑ インターネットの私的利用は、普通解雇又は懲戒解雇の事由としたときに解雇することができるのかという場面と、時間外労働をしたことを理由とする未払残業代請求に対して労働時間性を否定することができるのかという場面で問題となります。
- ☑ 解雇するには、「客観的に合理的な理由」があり、かつ、「社会通念上相当である」と認められる必要があります。ただし、就業時間中の世間話や喫煙との比較でインターネットの私的利用を理由に解雇することが「社会通念上相当」でないといえるかは難しいといえるでしょう。
- ☑ インターネットの私的利用を発見した場合には、私的利用をやめるよう業務命令をしていくことが重要です。

インターネットの私的利用の問題点

　今では、業務上パソコンを利用しなかったり、インターネットを利用しなかったりということは、およそ考えられなくなりました。多くの会社で従業員が1台ずつパソコンを所持し、インターネットに接続できる環境のもとで業務を行っていると思います。こうした中、**労務の場面でも従業員のインターネット利用に関する問題が生じています。それがインターネットの私的利用の問題です。**

　インターネットの私的利用が問題となるのは、インターネットの私的利用を普通解雇又は懲戒解雇の事由としたときに解雇することができるのかという場面と、時間外労働をしたことを理由とする未払残業代請求に対して労働時間性を否定することができるのかという場面です。

職務専念義務違反と企業秩序義務違反

　そもそも、インターネットの私的利用の何が問題なのでしょうか？

　従業員は、会社との間で雇用契約を締結しています。当然ですが、その基本的な義務として「職務専念義務」を負っています。たとえば、厚生労働省のモデル就業規則の中では、次のように規定されています。

> （遵守事項）
> 第11条　労働者は、以下の事項を守らなければならない。
> 　①、②　略
> 　③　勤務中は職務に専念し、正当な理由なく勤務場所を離れないこと
> 　④～⑧　略

出所）厚生労働省：「モデル就業規則（平成28年3月30日）」

　「職務専念義務」というのは、勤務時間中は、自分の私的活動をしてはならず、自分の業務に集中して取り組まないといけない義務のことです。**業務とは無関係に自分の私的活動のためにインターネットを利用することは、まさしく「職務専念義務」に違反することになります。**

　その他、従業員としては会社の所有物であるパソコン、インターネット

回線を無断で私的利用したことにより、会社に対して損害を与えていると考えることもできます。そのため、**従業員のインターネットの私的使用については、「企業秩序義務違反」にもなり得ます。**

従業員は簡単には解雇できません

では、インターネットの私的利用を理由として従業員を解雇することはできるのでしょうか？

まずは解雇に関する一般的な法理論である解雇権濫用法理を概観してから、インターネットの私的利用を理由とする解雇について検討したいと思います。

解雇権濫用法理とは

そもそも、解雇を有効に行うためには、一定の要件を満たさなければなりません。すなわち、**解雇が、「客観的に合理的な理由」を欠き、「社会通念上相当である」と認められない場合は、その権利を濫用したものとして無効となります**（解雇権濫用法理。労働契約法第16条）。

そこで、「客観的に合理的な理由」とは何か、「社会通念上相当である」とはどういうことなのかが問題になります。

▶ 図 その解雇理由、要件を満たしていますか？

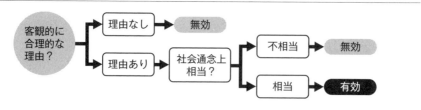

客観的に合理的な理由とは

「客観的に合理的な理由」とは、就業規則に列挙された解雇事由に該当するかどうかという問題をいいます。厚生労働省のモデル就業規則では、次のような類型が解雇事由となるとされています。

① 勤務状況が著しく不良で、改善の見込みがなく、労働者としての職責を果たし得ないとき。
② 勤務成績又は業務能率が著しく不良で、向上の見込みがなく、他の職務にも転換できない等就業に適さないとき。
③ 業務上の負傷又は疾病による療養の開始後3年を経過しても当該負傷又は疾病が治らない場合であって、労働者が傷病補償年金を受けているとき又は受けることとなったとき（会社が打ち切り補償を支払ったときを含む。）。
④ 精神又は身体の障害により業務に耐えられないとき。
⑤ 試用期間における作業能率又は勤務態度が著しく不良で、労働者として不適格であると認められたとき。
⑥ 第61条第2項に定める懲戒解雇事由に該当する事実が認められたとき。
⑦ 事業の運営上又は天災事変その他これに準ずるやむを得ない事由により、事業の縮小又は部門の閉鎖等を行う必要が生じ、かつ他の職務への転換が困難なとき。
⑧ その他前各号に準ずるやむを得ない事由があったとき。

出所）厚生労働省：「モデル就業規則（平成28年3月30日）」

　使用者である会社は、就業規則上、「解雇の事由」を明示しなければなりません（労働基準法第89条第3号）。就業規則に規定のない事由により解雇することはできないと一般的には考えられていますので、上記モデル就業規則⑧のとおり、「その他前各号に準ずるやむを得ない事由があったとき。」という条項を設けておく必要があるでしょう。
　なお、就業規則を定める義務を負わない10名以下の事業所においては、このような就業規則の定めがなくても、解雇権の濫用にあたらない限り、解雇することができると考えられています。

📖 社会通念上相当であるとは

　「客観的に合理的な理由」が認められる場合であっても、解雇が過酷すぎると認められるような場合には、解雇は「社会通念上相当」とはいえず、無効となります。たとえば、一度や二度の遅刻で、いきなり解雇するというのは従業員にとって過酷ですよね。本人が反省し、謝罪等していればなおさらです。

　他方で、何年にもわたって会社のお金を横領していた場合はどうでしょう。横領は犯罪ですし、会社にとって被害もあるので、解雇をしても過酷とはいえないといえそうです。もっとも、この金額が僅少で、従業員も被害弁償をしているようなケースであれば、このような従業員を解雇するのは過酷といえるとも思います。

　このように「社会通念上相当」かどうかは、様々な事情を考慮して判断しなければなりません。また、その事情を証拠でしっかり固めておくことが肝要です。

📖 就業時間中の私語・私用と解雇の関係

　それでは、インターネットの私的利用を理由として解雇することはできるのでしょうか？　閲覧していたページ、閲覧していた時間と頻度、他の同僚のインターネットの私的利用状況等の事情に照らして、社会通念上相当といえる範囲を超えているかどうかを判断することになると考えられますが、裁判例ではどのように判断されているのでしょうか？

📖 裁判例に見るインターネットの私的利用と解雇について

　この点については裁判例も少ないのですが、たとえば、約13か月の間において、1か月につき2～3通の私的メールを就業時間中に送信していたことが解雇事由の1つとして主張された事案において、裁判所は、「平成16年4月5日から平成17年4月21日までの約13か月の間、原告が送信した私用メールは、証拠上32通であり（①ないし③）、その頻度は、1か月に2通から3通というものにすぎない。また、その内容も、

中には、取引先の関係者からの世間話に応じたもの、母校の後輩からの就職相談に答えたもの、社員との懇親会の打ち合わせといったやむを得ないものや、その必要性をあながち否定しがたいものも含まれているし、証拠上、その作成に長時間を要し、業務に具体的支障を生じさせたと解されるメールも存在しない。・・・以上によれば、原告がした私用メールが社会通念上許容される範囲を超えるものであったとは認めがたく、これを就業規則違反に問うことはできないというほかない」等として、解雇が無効であると判断しています（東京地判 平成 19 年 9 月 18 日）。

このように裁判例には、就業時間中における私的メールの送信を解雇事由の 1 つとした解雇が無効としている事案もあります。

また、従業員同士世間話をしたりする時間（この点に関しても東京地判平成 19 年 9 月 18 日では解雇事由の 1 つとして主張されています）や、たばこを吸う人がたばこを吸っている時間については一定程度認められていることからしても、インターネットの私的利用を理由として解雇するのはなかなか難しいといえるでしょう。

インターネットの私的利用の時間も労働時間？？

2-1 でも確認しましたが、労働時間とは、「労働者が使用者の指揮命令下に置かれている時間」をいいます。このため、インターネットを私的に利用していた時間が「労働者が使用者の指揮命令下に置かれている時間」といえるかどうかにより、労働時間性が判断されることになります。

会社としては、アクセスログ等を分析して、労働者が業務時間中にインターネットで業務とは関係のないページにアクセスしていたであろうことまで主張すれば、従業員が無断でインターネットを私的に利用したとの反論として十分と考えるかもしれません。しかし、それが使用者の指揮命令下に置かれていないということまで主張できないといけません。

インターネットを私的に利用していた時間までも労働時間といってしまうのは意外にも思いますが、視点を変えると、そうならないように適切に業務命令権を行使するべきであるともいえるでしょう。

解雇通知

　このようにして解雇することができるかを判断し、従業員を解雇するとなった場合には、当該従業員に対し解雇を通知しなければなりません（「図　【書式例】解雇通知書」参照）。そして、解雇しようとするときは、少なくとも30日前にその予告をするか、30日前に予告しないときは30日分以上の平均賃金を支払わないといけないのが原則です（労働基準法第20条第1項本文）。

▶ 図　【書式例】解雇通知書

平成●年●月●日

●●　殿

解雇通知書

●●株式会社
代表取締役　●●

貴殿は、・・・を行い、かかる貴殿の行為は就業規則第●条第●号の解雇事由に該当致しますので、当社は、就業規則第●条第●号に基づき、本日付けで貴殿を解雇致します。

なお、解雇予告手当として平均賃金の30日分（金●円）を、貴殿名義の銀行口座に振り込んでおりますので、ご確認ください。（注）

以上

注　解雇日の30日前までに解雇を通知すれば解雇予告手当は不要です（例9月30日に解雇する場合には、8月31日までに告知する必要があります。初日不算入のため9月1日では30日前に予告したことになりません）。

2-7 メンタルヘルス不調者への対応は慎重に

事例 最近、ストレスチェックが法律で定められたと聞いたのですが、ストレスチェックとはどのような制度なのでしょうか？また、当社にメンタルヘルス不調者がいるのですが、これまでこのような者に対応したことがなく、どのように対応すればよいのかわかりません。メンタルヘルス不調者に対してはどのように対応すればよいのでしょう？

ポイント

- ☑ ストレスチェック制度は、うつ等のメンタルヘルス不調を未然に防止するための仕組みです。平成27年12月1日から1年以内ごとに1回以上、ストレスチェックをすることが義務付けられました。
- ☑ ストレスチェック制度に関しては、プライバシーの保護や不利益取扱いの防止に気を付ける必要があります。
- ☑ メンタルヘルス不調者に対しては、いきなり解雇等のような処分をするのではなく、休職制度を活用しつつ、復職の可否を判断する必要があります。

ストレスチェック制度の導入背景と実施手順

　ストレスチェックとは、「心理的な負担等を把握するための検査等」であり、従業員のストレスがどのような状態かを調べる検査のことです。最近では、メンタル面で不調に陥る従業員が増えているとされており、うつ等の「メンタルヘルス不調を未然に防止するための仕組み」として労働安全衛生法が改正され、一定規模以上の会社に義務付けられることになりました（労働安全衛生法第66条の10、労働安全衛生規則第52条の9以下）。

ストレスチェック制度の実施手順

　ストレスチェック制度は、1年以内ごとに1回以上実施する必要があります（労働安全衛生規則第52条の9）。ストレスチェック制度は、平成27年12月1日から施行されますので、平成27年12月1日から平成28年11月30日までの間に第1回目のストレスチェックを実施しなければなりません。ストレスチェックは、あとに掲載する「図　ストレスチェック制度の実施手順」により実施されます。

　なお、常時使用する従業員の数が50人以上の会社については、1年以内ごとに1回、心理的な負担の程度を把握するための検査結果等報告書を所轄労働基準監督署長に提出することが義務付けられています（労働安全衛生規則第52条の21）。

実施にあたり注意すべき事項

　ストレスチェックの実施により得られる情報は、従業員にとって非常にセンシティブなものです。そのため、ストレスチェックに関与した者はその実施にあたり知り得た情報について守秘義務を負います（労働安全衛生法第104条）。

　また、一定の要件に該当する従業員が医師による面接指導を受けることを希望する旨を申し出たときは、会社としては、医師による面接指導を行

わなければならないとされています（労働安全衛生法第66条の10第3項）。そして、従業員が面接指導を申し出たことを理由として、その従業員に対して不利益な取扱いをしてはならないとされています（同条項）。

▶ 図　ストレスチェック制度の実施手順

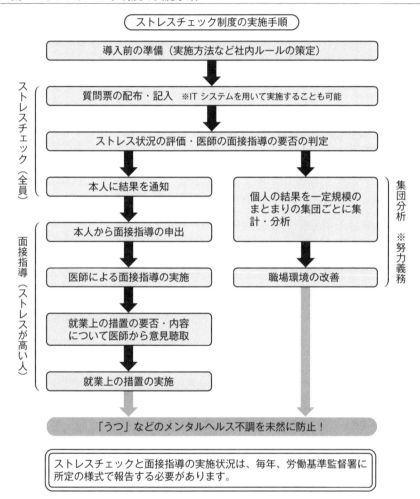

出所）厚生労働省：「ストレスチェック制度導入マニュアル」

📖 ストレスチェックはやればいいだけではありません

　このように従業員の心理的な負担の程度を把握することが、事業者には求められています。従業員に過度な心理的負担がかかることによって、健康を害してしまったり、最悪の場合には自殺してしまったりする場合もあるのです。

　このような場合には、会社としては、ストレスチェック制度を実施していたからといって何ら責任を負わないということにはなりません。雇用契約上、会社は従業員に対して安全配慮義務を負っているので、従業員に過度に心理的な負担がかからないようにする義務を負うことになります。そのため、従業員の状態によって会社として適切な措置を講じなければならない場合があるので、注意が必要です。

📖 メンタルヘルス不調→無断欠勤でも解雇は慎重に

　このようにストレスチェック制度が実施されるように法改正が行われた背景には、精神面での不安・不調に陥る従業員が増加傾向にあることがあげられます。メンタルヘルス不調者の中には、被害妄想から会社内で異常な言動をしてしまったり、無断欠勤したりしてしまう者もいます。結果、会社における業務にも支障をきたしてしまいます。

　このような場合に、会社としてはどのように対応すればよいのでしょうか？　ここでは、メンタルヘルス不調者に対してどのように対応すればよいのかを見ていきましょう。

▶ 図　メンタルヘルス不調は本人だけの問題ではない

無断欠勤を理由にいきなり解雇はできません

メンタルヘルスの不調を理由に被害妄想から会社内で異常な言動をしてしまったり、無断欠勤したりしたような者に対しては、会社としては解雇したいと思うかもしれません。しかし、このような場合にいきなり解雇をしてしまうと、**解雇権の濫用として解雇が無効になってしまうおそれがあります**（2-6参照）。

ここで、メンタルヘルス不調者が無断欠勤したことに対する懲戒処分（諭旨退職処分）が無効とされた判例を見てみましょう。最高裁の判断は、次のとおりです（最判 平成24年4月27日。なお下線部筆者注）。

【最判 平成24年4月27日】

「このような精神的な不調のために欠勤を続けていると認められる労働者に対しては、精神的な不調が解消されない限り引き続き出勤しないことが予想されるところであるから、使用者である上告人としては、その欠勤の原因や経緯が上記のとおりである以上、精神科医による健康診断を実施するなどした上で（中略）、その診断結果等に応じて、必要な場合は治療を勧めた上で休職等の処分を検討し、その後の経過を見るなどの対応を採るべきであり、このような対応を採ることなく、被上告人の出勤しない理由が存在しない事実に基づくものであることから直ちにその欠勤を正当な理由なく無断でされたものとして諭旨退職の懲戒処分の措置を執ることは、精神的な不調を抱える労働者に対する使用者の対応としては適切なものとはいい難い」。

多くの会社では、就業規則に「正当な理由なく無断欠勤が●日以上に及び、出勤の督促に応じなかったとき」等という条項が設けられていると思います。しかし、このような条項をメンタルヘルス不調者が無断欠勤した場合にそのまま適用してはいけないと判断されているのです。

つまり、精神科医による健康診断を実施する等して、メンタルヘルス不調者に対して配慮することが必要であり、このような配慮をすることなく解雇・懲戒処分をしてはならないとされているのです。

特に、休職制度があるにもかかわらず休職制度を利用することなく解雇

にしてしまうと、解雇権の濫用と判断されてしまいかねません。この点は注意しましょう。

📖 休職命令を出せるように就業規則の整備を

　そこで従業員がメンタルヘルス不調に陥った場合、会社としては休職を命じるかを検討する必要があるといえるでしょう（休職命令の要件を満たしているかの主張立証は、会社がしなければなりません）。

　この場合、従業員が主治医の診断書を提出したとしても、会社としても従業員の病状を確認するのが望ましいといえます。そのため、会社としては、産業医等、会社が指定する医師の面談を受けてもらうようにしておく必要があります。

　とはいえ、メンタルヘルスの不調は従業員にとってセンシティブな問題なため、会社側のこうした対応は慎重に行わなければならないとともに、従業員が産業医等の診断を拒否することもあり得ます。そこで、少なくとも本節末の「図　【書式例】診断書の提出義務・休職・休職期間経過後退職とする場合」に示すような条項を就業規則に定め、診断書の提出を命じることができるようにし、また休職命令に関する規定を整えておく必要があるでしょう。

　なお、休職期間中は、ノーワーク・ノーペイの原則から、従業員に対して、原則として賃金を支払う必要はありません。

📖 休職期間が満了したら、復職できるか慎重に判断

　休職期間が満了し、その際に復職することができない場合には、就業規則で退職となるか、解雇となると定めているのが通常です（本節末の【書式例】は、復職できないときは退職する場合の就業規則例です）。この復職とは従前の職務に復帰することですので、復職することができるか否か（つまり治癒したか否か）の判断も、従前の職務を行うことができるどうかの判断になります。

そして、復職することができるかどうかは、従業員の主治医の診断書や会社指定の産業医の面談の実施を通して判断することになります。
　その結果、復職を命じるのか、退職又は解雇とするのかを従業員に対して通知することになります。

▶ 図　休職期間満了後の対応

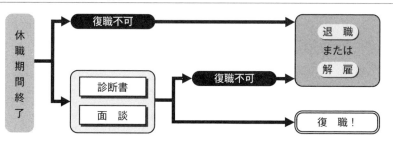

▶ 図 【書式例】診断書の提出義務・休職・休職期間経過後退職とする場合

第●条（診断書の提出義務）
　会社は、従業員に対し、次の各号のいずれかに該当する場合に診断書の提出を命じることができる。
　①　従業員が体調の不良を訴えているとき
　②　（以下、略）

～～～～～～～～～～～～～～～

第●条（休職）
　1　会社は、従業員が次の各号のいずれかに該当する場合に休職を命じることができる。
　　①　業務外の傷病による欠勤が●か月を超え、なお療養を継続する必要があるとき
　　②　（以下、略）
　2　休職期間が満了してもなお傷病が治癒せず就業が困難な場合には、休職期間の満了をもって退職とする。

～～～～～～～～～～～～～～～

第●条（産業医の面談）
　会社は、従業員に対し、産業医又は会社が指定する医師の面談を受診するよう命じることができる。

2-8 従業員の懲戒処分は就業規則と手続が重要です

懲戒処分

事例 従業員が商品を売ったように見せかけるため伝票等を偽造し、さらにその商品を自己の物として販売し、その売却代金を横領していたことが社内調査により発覚しました。当社としては、着服された商品・代金のみならず、不正が行われる会社であるという当社の信用性にも悪影響が生じてしまっていると考えています。
そこで、その従業員を懲戒解雇したいと考えているのですが、従業員を懲戒解雇する場合の注意点を教えてください。

ポイント

- ☑ 懲戒処分をするには、あらかじめ就業規則に懲戒の種別と懲戒の事由を定めていなければなりません。
- ☑ そのうえで、従業員が行った行為が就業規則に記載された懲戒の事由に該当することが必要です。
- ☑ そして、懲戒処分が社会通念上相当でなければなりません。

条件を満たさない限り、懲戒処分はできません

　懲戒処分とは、従業員が企業の秩序を壊したことに対する制裁のことをいいます。犯罪を行った者や、業務命令に何度も反するような行動をとる者に対して、減給にしたり、出勤停止にしたり、懲戒解雇にしたりするというものです。事例のように、社内で横領した従業員に対しては懲戒処分をするかを検討することになります。

　ではどのような場合に懲戒処分を行うことができるのでしょうか？ 労働契約法第15条は、**「使用者が労働者を懲戒することができる場合にお**

いて、当該懲戒が、当該懲戒に係る労働者の行為の性質及び態様その他の事情に照らして、**客観的に合理的な理由を欠き、社会通念上相当であると認められない場合は、その権利を濫用したものとして、当該懲戒は、無効とする**」としています。

すなわち、懲戒処分を行うためには、次の3つの要件を満たさなければなりません。

＜懲戒処分の要件＞
①使用者が労働者を懲戒することができる場合であること
②懲戒処分に客観的に合理的な理由があること
③懲戒処分が社会通念上相当なものと認められること

使用者が労働者を懲戒することができる場合であること

第一に、「使用者が労働者を懲戒することができる場合」でなければなりません。「懲戒することができる場合」とは、就業規則で懲戒の種別と事由を定めているということです（本節末の「図 【書式例】就業規則」参照）。そのため、そもそも就業規則がない場合や、就業規則があっても懲戒の種別と事由を定めていない場合には、使用者は、従業員に懲戒処分をすることはできません。

懲戒の種別には、一般的に、譴責（「けんせき」と読みます。「始末書を提出させて将来を戒めること」をいいます）・戒告、減給、降格、出勤停止、諭旨退職、懲戒解雇等があります。懲戒の事由は次の要件で確認しましょう。

客観的に合理的な理由があること

第二に、懲戒処分に「客観的に合理的な理由」がなければなりません。「客観的に合理的な理由」があるとは、従業員が就業規則に定められた懲戒事由に該当していることをいいます。懲戒事由の例としては、従業員が会社のお金を横領した、経歴を詐称していた、業務命令に違反した場合等です。この懲戒事由に該当するかどうかは、客観的な資料に基づいて判断

する必要があり、資料を収集・保管しておくのが重要です。

📖 懲戒処分が社会通念上相当なものと認められること

　第三に、従業員が上記のような懲戒事由に該当しても、今回懲戒処分を行うことが懲戒事由にあたる従業員の行為の性質及び態様その他の事情に照らして、社会通念上相当であることが必要です。たとえば、何回か遅刻を繰り返してしまったということであれば、譴責等の比較的軽い処分になると考えられますし、犯罪を行ったということであれば懲戒解雇等の比較的重い処分になると考えられます。また、これまでどのような処分をしてきたのか（逆にしてこなかったのか）という過去事例も参照しなければなりません。仮に犯罪を行った場合であっても、その犯罪行為から長期間経過していたような場合には、懲戒処分が無効になるおそれがあります。7年以上も前の暴行事件を理由として行った懲戒処分が無効と判断された事案もあるので（最判 平成18年10月6日）、懲戒処分をするタイミングも重要になります。

📖 従業員の言い分は聞かなくてもよい？

　懲戒処分を行うために、懲戒事由にあたる行為を行った従業員の言い分を聞かなければならないのでしょうか（弁明の機会といいます）。

　労働基準法や労働契約法では、従業員に対して弁明の機会を与えなければならないとはされていません。そのため、**就業規則等で弁明の機会を懲戒処分の要件としていなければ、弁明の機会を与えていなくても、それを理由として懲戒処分が無効とはならないと考えられます**。もっとも、懲戒処分は従業員の生活にとって重大な影響を及ぼし得るため、**弁明の機会を与えるほうが望ましいと考えられます**。

　これに対して、就業規則等で、従業員に弁明の機会を与えることとしている場合には、これをしなければ懲戒処分は無効になると考えられます。

▶ 図 【書式例】懲戒処分通知書

平成●年●月●日

●●　殿

懲戒処分通知書

●●株式会社
代表取締役　●●

当社は、貴殿に対して、以下のとおり懲戒処分に処することを決定致しましたので、通知致します。

1.　懲戒処分の内容

2.　懲戒処分の理由

▶ 図 【書式例】就業規則

（懲戒の種類）
第61条　会社は、労働者が次条のいずれかに該当する場合は、その情状に応じ、次の区分により懲戒を行う。
　①けん責
　　　始末書を提出させて将来を戒める。
　②減給
　　　始末書を提出させて減給する。ただし、減給は1回の額が平均賃金の1日分の5割を超えることはなく、また、総額が1賃金支払期における賃金総額の1割を超えることはない。
　③出勤停止
　　　始末書を提出させるほか、＿＿＿＿＿日間を限度として出勤を停止し、その間の賃金は支給しない。
　④懲戒解雇
　　　予告期間を設けることなく即時に解雇する。この場合において、所轄の労働基準監督署長の認定を受けたときは、解雇予告手当（平均賃金の30日分）を支給しない。

（懲戒の事由）
第62条　労働者が次のいずれかに該当するときは、情状に応じ、けん責、減給又は出勤停止とする。
　① 正当な理由なく無断欠勤が＿＿＿＿＿日以上に及ぶとき。
　① 正当な理由なくしばしば欠勤、遅刻、早退をしたとき。
　② 過失により会社に損害を与えたとき。
　③ 素行不良で社内の秩序及び風紀を乱したとき。
　④ 性的な言動により、他の労働者に不快な思いをさせ、又は職場の環境を悪くしたとき。
　⑤ 性的な関心を示し、又は性的な行為をしかけることにより、他の労働者の業務に支障を与えたとき。
　⑥ 第11条、第13条、第14条に違反したとき。
　⑦ その他この規則に違反し又は前各号に準ずる不都合な行為があったとき。

2　労働者が次のいずれかに該当するときは、懲戒解雇とする。ただし、平素の服務態度その他情状によっては、第49条に定める普通解雇、前条に定める減給又は出勤停止とすることがある。
① 重要な経歴を詐称して雇用されたとき。
② 正当な理由なく無断欠勤が＿＿日以上に及び、出勤の督促に応じなかったとき。
③ 正当な理由なく無断でしばしば遅刻、早退又は欠勤を繰り返し、　回にわたって注意を受けても改めなかったとき。
④ 正当な理由なく、しばしば業務上の指示・命令に従わなかったとき。
⑤ 故意又は重大な過失により会社に重大な損害を与えたとき。
⑥ 会社内において刑法その他刑罰法規の各規定に違反する行為を行い、その犯罪事実が明らかとなったとき（当該行為が軽微な違反である場合を除く。）。
⑦ 素行不良で著しく社内の秩序又は風紀を乱したとき。
⑧ 数回にわたり懲戒を受けたにもかかわらず、なお、勤務態度等に関し、改善の見込みがないとき。
⑨ 職責を利用して交際を強要し、又は性的な関係を強要したとき。
⑩ 第13条に違反し、その情状が悪質と認められるとき。
⑪ 許可なく職務以外の目的で会社の施設、物品等を使用したとき。
⑫ 職務上の地位を利用して私利を図り、又は取引先等より不当な金品を受け、若しくは求め若しくは供応を受けたとき。
⑬ 私生活上の非違行為や会社に対する正当な理由のない誹謗中傷等であって、会社の名誉信用を損ない、業務に重大な悪影響を及ぼす行為をしたとき。
⑭ 正当な理由なく会社の業務上重要な秘密を外部に漏洩して会社に損害を与え、又は業務の正常な運営を阻害したとき。
⑮ その他前各号に準ずる不適切な行為があったとき。

出所）厚生労働省：「モデル就業規則（平成28年3月30日）」

2-9 退職する従業員の同業者への転職防止は「誓約書」が効果的です

事例 先日、従業員がヘッドハンティングされていて、当社の同業者に転職しようとしているという話を聞きました。その従業員は、現在、当社で極秘プロジェクトに参加していて、新製品の開発を扱う部署にいます。そのため、当社を退職したあと、すぐに同業者に転職されてしまうと、当社の新製品の情報が筒抜けになってしまい、当社の競争力が失われかねません。
このように、退職する従業員が同業者に転職しようとするのをやめさせるには、どうしたらよいでしょうか？

ポイント

☑ 原則として退職する従業員を同業者に転職しないよう強制することはできません。

☑ 退職する従業員を同業者に転職させたくなければ、特別の合意（誓約書等）が必要ですが、その内容には一定の制限があります。

☑ 退職するときに誓約書を提出してもらうのは難しいので、入社するときにも誓約書を提出してもらったり、就業規則でも重ねて同業者への転職を禁止しておくのが重要です。

📖 同業者に転職しないよう強制することはできません

　本事例では、従業員が同業者に転職しようとしています。退職する従業員は会社の企業秘密やノウハウをもっていることがあるので、同業者に転職されてしまうと、会社にとって、新製品の情報が他社に漏れてしまったり、取引先を持っていかれてしまうおそれがあります。そこで、退職する従業員の同業者への転職を禁止することが考えられますが、転職を禁止することはできるのでしょうか？

　そもそも、従業員は、会社に勤めているときは、その会社の同業者に限らず、他社の仕事をしてはいけません（兼職・兼業の禁止）。しかし、会社をやめれば、そのような縛りはありません。**従業員は、原則として、退職する会社の同業者であっても、自由に転職することができるのです**（職業選択の自由。憲法第22条第1項）。

　そのため、会社としては、基本的には、退職する従業員に対し同業者に転職しないよう強制することはできないのです。

📖 同業者への転職をやめさせるための「誓約書」とは

　しかし、会社としては、新製品の情報が他社に漏らされたり、取引先を持っていかれたりしてしまっては、会社の存続にもかかわる重大な事態となります。

　このような場合に、会社としては、従業員が退職する際に、「退職後○年間は、会社の営業と競業する行為を一切致しません」等と書かれた誓約書にサインしてもらうことがあります。この誓約書に退職する従業員がサインしてくれれば、同業者に転職することをある程度避けることができます。一筆を入れていることで、退職する従業員にとっても、同業者への転職をためらわせることにもなります。

　したがって、**同業者に転職させないようにするためには「誓約書」にサインしてもらうのが効果的です**。

📖 どんな「誓約書」でも有効というわけではありません

　もっとも、従業員は退職したあとは、基本的には、同業者であろうが同業者でなかろうが自由に転職することができます（職業選択の自由。憲法第22条第1項）。

　そのため、たとえば、「退職後いつまでも同業者に転職してはならない」ということはできません。従業員の職業選択の自由を奪ってしまうからです。

　では、どのような誓約書が有効となり、どのような誓約書が無効になってしまうのでしょうか（ここで「無効」というのは、誓約書の効果として転職を禁止することができず、元従業員に対して、転職をやめるように求めたり、損害賠償を求めたりできなくなることをいいます）。

　実際の裁判では、次のような事情が判断要素としてあげられています。

　＜誓約書が有効か無効かの判断要素＞
　①企業に守るべき利益があるのかどうか
　②従業員の地位がどのようなものであったかどうか
　③地域的な限定があるかどうか
　④禁止される期間
　⑤禁止される競業行為
　⑥代償措置があったかどうか　　　　　　　等

📖 ①企業に守るべき利益があるのかどうか

　「企業に守るべき利益があるのかどうか」とは、転職を禁止しようとする会社に、従業員の転職を禁止してまで守るべき利益があるのかどうかということです。つまり、利用されては困る貴重な情報や価値のある独自のノウハウがあるかどうかということです。

📖 ②従業員がどのような地位にあったかどうか

　「従業員がどのような地位にあったかどうか」とは、退職する従業員が、

会社の業務上重要な情報を取り扱っていたとか、新製品の開発を取り扱っている部署にいたかどうかということです。このような場合には、企業に守るべき利益にもかかわるため、重要な判断要素となります。

③地域的な限定があるかどうか、④禁止される期間

地域的な限定については、その限定がないからといって直ちにその合意が無効になるわけではありませんが、「日本全国」「地域の制限なく」等より、「隣接する県」「関東圏」等に限定されているほうが、従業員の転職の自由を制限する度合いが小さいため、誓約書が有効であるという事情になります。

また、④禁止される期間についても同様です。会社としては、同業者への転職を永久に禁止したいと思うかもしれませんが、そのようなことは基本的には認められないと考えられます。

最近の裁判では、1年以内の禁止期間であれば合意は有効であると判断される傾向にあり、2年の禁止期間では合意は無効であると判断される傾向にあると考えられています。とはいえ、2年を超えるからといって一律に否定されるわけではなく、ノウハウが「長期間にわたって確立されたもので独自かつ有用性が高い」ものであるから「本件競業避止合意は……ノウハウ等の秘密情報を守るためのものということができ、目的において正当」であり、「退職後3年間の競業行為を禁止するのも、上記目的を達成するための必要かつ合理的な制限であると認められる」としている裁判例もあります（東京地判 平成22年10月27日）。

そのため、従業員が受ける不利益の程度、業種の特徴、企業の守られるべき利益がどのようなものであるか、その手段としての転職が禁止される期間が合理的なのかどうか等を考慮して禁止する期間を判断することになります。

⑤禁止される競業行為

ただ単に同業者への転職を禁止するだけでは、誓約書が無効とされてしまうおそれがあります。そこで、たとえば「在職中営業として訪問した得

意先に接触することを禁止する」にとどめたりすることが考えられます。

⑥代償措置があったかどうか

「代償措置があったかどうか」の代償措置というのは、同業者への転職を禁止する代わりに従業員に対して何かしらの利益が与えられたことをいいます。たとえば、同業者への転職を禁止する代わりに、通常より給料を高くしておくことが考えられます。

誓約書が有効化どうかの判断

これら①から⑥までの事情を色々と組み合わせて、誓約書が有効かどうかを判断することになります。色々組み合わせるというのは、たとえば、禁止期間が2年の場合に、それだけで誓約書が無効になるわけではなく、退職後2年分の給料が補償されている等という事情があれば誓約書も有効と判断される場合があります。これらは、色々な事情を合わせて判断する必要があるため、難しい判断となります。

同業者への転職をやめさせるための「誓約書」の例

それでは、具体的な記載例を見ていきましょう。次の記載例は、経済産業省が公表しているものです。①について「経験や知見が貴社にとって重要な企業秘密ないしノウハウ」が会社にとって守るべき利益であること、②について「貴社で従事した」という限定があること、④について「6か月」という限定があること、⑤について禁止される競業行為を限定していることを確認してください。

【問題ないと思われる誓約書の例】

> （競業避止義務）
> 第○条　貴社を退職するにあたり、退職後１年間、貴社からの承諾がない限り、次の行為をしないことを誓約いたします。
> ① 貴社で従事した○○の開発に係る職務を通じて得た経験や知見が貴社にとって重要な企業秘密ないしノウハウであることに鑑み、当該開発及びこれに類する開発に係る職務を、貴社の競合他社（競業する新会社を設立した場合にはこれを含む。以下、同じ。）において行いません。
> ② 貴社で従事した○○に係る開発及びこれに類する開発に係る職務を、貴社の競合他社から契約の形態を問わず、受注ないし請け負うことはいたしません。

出所）経済産業省：「競業避止義務契約の有効性について」

入社時からの対応が必要

退職するときに誓約書にサインさせようとしても、従業員はこれからやめようとしているので、素直に誓約書にサインしてくれるかはわかりません。

このように、退職するときになっていきなり誓約書にサインしてもらうのも難しいので、入社するときから誓約書を取得しておくのがよいでしょう。

▶ 図　誓約書の取得は入社時に！

退職時に誓約書を取り交わすのは難しい

（○○食品の社員が「これにサインして」と誓約書を差し出すが、退職者は「このような内容の誓約書にはサインできません」と拒否し、△△フーズへ移っていく）

また、就業規則でも退職後の競業会社への転職を禁止する等して、重ねて競業を禁止しておくのがよいでしょう。

【就業規則の規定例】

> （競業避止義務）
> 第○条　従業員は在職中及び退職後 6 ヶ月間、会社と競合する他社に就職及び競合する事業を営むことを禁止する。ただし、会社が従業員と個別に競業避止義務について契約を締結した場合には、当該契約によるものとする。

出所）経済産業省：「競業避止義務契約の有効性について」

▶ 図 【書式例】退職時誓約書

●●株式会社
代表取締役　●●　殿

誓約書

私は、貴社を退職するにあたり、以下の事項を誓約致します。

1. 貴社を退職するにあたり、退職後1年間、貴社からの承諾がない限り、次の行為をしないことを誓約いたします。

2. 貴社退職後も在職中に知り得た貴社の技術上、営業上、業務上の一切の情報を自ら又は第三者のために使用し、第三者に開示又は漏えいいたしません。

3. 本誓約書に違反した場合には、貴社に生じた一切の損害を賠償いたします。

（略）

平成●年●月●日

（住所）

（名前）

2-10 従業員が逮捕された！懲戒解雇する前に事実確認を！

逮捕・勾留

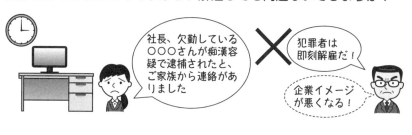

事例 従業員が2、3日ほど無断で欠勤していたのですが、なんと痴漢容疑で逮捕されていたようです。その従業員を雇い続けることは他の従業員に対して示しがつかないと思います。犯罪をしてしまったのですから、解雇しても問題ないでしょうか？

ポイント

- ☑ 従業員が逮捕されたからといって安易に解雇等の処分をするのは解雇無効確認の訴え等のリスクがあります。
- ☑ 従業員が逮捕されている容疑の事実確認をすることが重要です。
- ☑ 従業員の犯罪行為を理由として懲戒処分するには、慎重に判断しなければなりません。

📖 従業員が逮捕されても、すぐに解雇するのは危険です

　従業員が逮捕されてしまった場合、逮捕された従業員としては家族を通して会社に連絡することもできますが、通常、会社に連絡することは難しく、数日無断欠勤をしてしまうことになります。このような無断欠勤等が発端となって、無断欠勤中の従業員が逮捕されたということが会社に判明することがあります。

　では従業員が逮捕されたことを知った会社としては、どのように対応すればよいでしょうか？

　自社の従業員が逮捕されたことが報道されたりすると、会社の評判が下がりかねません。また、本事例のように「犯罪をしてしまった以上、解雇してもやむをえない」という気持ちになるかもしれません。就業規則にも、懲戒処分の事由として「刑罰法規の適用を受けた場合」等と定められているところもあるかもしれません。これに従って、従業員が逮捕された場合には、即解雇ということが考えられます。

逮捕＝「罪を犯した」ではないことに注意

　しかし、逮捕されたからといって安易に解雇することができる等と考えるのは危険です。なぜなら、本事例でいえば、逮捕されただけでは、逮捕された従業員が痴漢をしたことが確定したわけではないからです。痴漢をしたことが確定するのは、裁判を経て判決が確定したときなのです。

　そのため、従業員が逮捕されたことを会社が知った時点で従業員を解雇してしまうと、後日、「嫌疑不十分」「無罪」となった場合、その従業員から会社の解雇処分が無効であるとして争ってくるおそれが高まってしまいます。

📖 まずは事実関係を把握することが重要です

　そこで、いきなり解雇等の処分をするのではなく、まず事実関係を把握することが重要です。事実関係を把握するには、家族や弁護士（被疑者と

なっている従業員の弁護人）等に対して事実関係をヒアリングすることが考えられます。また、接見が許されるのであれば上司として接見しに行き、従業員本人に直接ヒアリングするということもありえるでしょう。

このヒアリングの際には、まず従業員本人がその容疑を認めているのかどうか、具体的な被疑事実はどのようなものなのか、従業員本人が容疑を認めているのであれば示談交渉・被害弁償の成否、処分の見通し等を確認することが重要です。そして、これらヒアリングの結果等を報告書等の形にしておき、処分の際の資料として保管しておかなければなりません。

私生活上の事由をもとにした懲戒等は慎重に

では、事実関係を確認した結果、従業員本人が容疑を認めている場合、会社としてその従業員を懲戒解雇するのは問題ないでしょうか？

そもそも、**懲戒処分が認められる根拠は、従業員が企業秩序に違反したことに対する制裁にある**ので、私生活上の事由を理由として懲戒処分に処するのは慎重に判断しなければなりません。

たとえば、痴漢容疑で逮捕されている場合に、既に被害者との間での示談交渉をし、示談金（慰謝料）を支払っており、被害者も罪に問わなくても構わないと表明しているようなケースで、企業秩序に違反しているのかは疑問であるといわざるをえません。他方で、バスやタクシーの運転手がプライベート中に飲酒運転で逮捕されたような場合であれば、業務に直接関連する犯罪ですし、会社の信用にもかかわることですから、企業秩序に違反していると判断されやすいといえるでしょう。

従業員が容疑を認めていない場合には、最終的に裁判において無罪になる可能性もあります。このような場合には、会社としても従業員が犯罪をしたであろうということを立証できるような証拠を集めることができるかは、難しいといわざるをえません。そのため、会社としては、このような場合に処分をするときは慎重に判断しなければならないでしょう。

第 **3** 章

株主とのトラブルを回避するための法律知識

～ 株主総会・取締役会・取締役・代表訴訟 ～

3-1 株主総会と議事録作成は会社のために必要なものです

事例 当社は先代が創業した同族会社で、現在は、二代目として先代の子供の世代が取締役に就任しています。当社では、株主総会を開催しておらず役員の選任等、登記に必要な場合だけ議事録を作成してきましたが、勤めていた会社を早期退職して役員に就任した親族の1人が、株主総会をきちんと開催したほうがよいといっていました。

これまで、株主総会を開催しなくても不都合はなかったのですが、開催する必要はあるのでしょうか？

株主総会か…
色々面倒だからやりたくないなあ…

社長、株主総会は年1回はやらないといけませんよ

いつ問題になるかわからないのに…

ポイント

- ☑ 株主総会は、法律上、年1回は必ず開催する必要があります。
- ☑ 株主総会では、会社の最重要事項を決定します。
- ☑ 株主総会の決議には、普通決議、特別決議、特殊決議があります。
- ☑ 株主総会の手続は、簡略化することができます。

📖 面倒でも株主総会の開催は必要です

オーナー会社や親族だけが株主の同族会社のような場合には、株主総会を開催せずに、たとえば、役員選任等、登記に必要な株主総会議事録を作成しているだけという会社も多いのではないでしょうか？

しかし、株主総会を開催せず議事録も作成しないと、困ったことが起こります。

📖 法律上の規定

まず、形式的なところですが、**株主総会を開催せずに、議事録を作成していないと法律違反になります**。会社法で、「定時株主総会は、毎事業年度の終了後一定の時期に招集しなさい」と定められています。多くの会社が事業年度を1年にしていますので、1年に1回は定時株主総会を開催しなければなりません（会社法第296条第1項）。

そして、株主総会を開催したら、議事録を作成して（会社法第318条第1項）、その議事録を総会の日から10年間保管しておかなければなりません（会社法第318条第2項）。

📖 実際の必要性

「確かに、法律ではそうかもしれないけど、実益がないのでは？」と思われるかもしれませんが、株主総会の開催・議事録の作成には実益があります。

本事例のような、親族だけが株主で会社の役員も親族だけという、よくある同族会社で考えてみましょう。たとえば、自分が社長として会社を支えてきて任期もまだあると思っていたのに、親族関係のいざこざから、突然、「社長は株主総会で選任されていないのだから、直ちに社長の座から降りるように」といわれてしまったという事例があります。

これは同族会社の話なので、オーナー会社であれば関係ないと思われる方がいるかもしれません。しかし、オーナー会社でも、たとえば事業承継の後継者がおらず、会社を売却する場合等に株主総会の必要性がわかるこ

とがあります。

　つまり、第三者に会社を売ろうとするとき、株主総会が開催されておらず議事録もないということになると、第三者からすると株主総会で決めるべきことを決めていないということになります。特に過去の株式発行について株主総会の決議がないとなると、譲渡の対象となる株式が特定できず、会社を売れない可能性もあります。株主総会が開催され、議事録もきちんと保管されているような会社ですと、コンプライアンスがきちんとされている会社ということで、高い評価を得られることもあります。

株主総会の決議事項

　ここまでの説明で、株主総会の必要性をおわかりいただけたと思います。では、株主総会ではどのようなことを決議するのでしょう？

　これは、取締役会が設置されている会社と設置されていない会社で異なります。

取締役会が設置されていない会社

　取締役会が設置されていない会社（取締役会非設置会社といわれます）の場合、株主総会では、すべての事項について決議することができます（会社法第295条第1項）。

取締役会が設置されている会社

　取締役会が設置されている会社（取締役会設置会社といわれます）の場合、原則として、法律で定められた事項だけを株主総会で決議することができます（会社法第295条第2項）。たとえば、次のような事項です。

　　＜株主総会の決議事項の例＞
　　・取締役や監査役役員の選任や解任　　・役員の報酬
　　・新株の発行　・自己株式の取得　　　・剰余金の配当
　　・定款の変更　・事業譲渡　　　　　　・合併や会社分割組織再編

📖 株主総会の決議

株主総会の決議には、普通決議、特別決議、特殊決議の3種類がありますが、特に重要なのが次の2つです。

📖 普通決議

議決権を行使することができる株主の議決権の過半数を有する株主が出席し（定足数。多くの会社が定款で排除）、その出席株主の議決権の過半数で決定します。

📖 特別決議

議決権を行使できる株主の過半数が出席し（定款で3分の1以上にできる）、出席議決権数の3分の2以上の多数で決定します。

📖 株主総会の招集手続

株主総会の招集手続には、「通常の手続」と「簡略化した手続」があります。それぞれ図に示しますので、参考にしてください。

議事録と招集通知の例については本節末に掲載した、「図 【書式例】株主総会招集の取締役会議事録」と「図 【書式例】株主総会の招集通知」、3-3の「図 【書式例】株主総会の議事録」の書式例も参考にしてください。

▶ 図　株主総会の招集手続：普通の手続

①取締役会（なければ取締役）が次の事項を定めて株主総会の招集を決定
（会社法第298条第4項、同条第1項）

・株主総会の日時及び場所
・株主総会の目的事項
　（・書面投票・電子投票を認めるときはその旨）
　（・その他会社法施行規則第63条で定める事項）

②招集通知を発送（会社法第299条第1項）

※招集通知は、総会開催日の2週間前までに発送します。
この2週間は中2週間という意味で、たとえば6月16日が開催日であれば、
6月1日までに発送する必要があります。

6月1日まで……招集通知を発送

6月16日………株主総会開催日

▶ 図　株主総会の招集手続：簡略化した手続

招集手続の省略

株主全員が同意した場合には、「図　株主総会の招集手続：普通の手続」のうち、②を省略することが可能（会社法第300条）です。

全員出席総会

株主の全員が、株主総会を開催することに同意して出席した場合には、「図　株主総会の招集手続：普通の手続」の①②、いずれも省略することが可能（最判昭和60年12月20日）です。

書面決議

株主総会の目的事項として提案された事項について、株主の全員が書面で同意した場合には、「図　株主総会の招集手続：普通の手続」の①②、いずれも省略することが可能（会社法第319条第1項）です。

株主総会の当日の流れ

株主総会は、次の図のような流れで進行します。

▶ 図　株主総会当日の流れ

①議長の株主総会開会宣言

　議長は、多くの会社の定款で代表取締役となっています。

②（定時株主総会）報告事項の報告と計算書類の説明

③決議事項の説明

④出席株主からの質疑と応答

⑤議案の採決

　採決は、挙手や拍手で賛否を確認します。出席株主が少なければ、個別に賛否を確認しても構いません。

⑥議長の株主総会閉会宣言

▶ 図 【書式例】株主総会招集の取締役会議事録

取締役会議事録

1．日　　時　　　　平成●年●月●日　　午前●時●分開会
　　　　　　　　　　　　　　　　　　　　午前●時●分閉会

（略）

決議事項

第●号議案　第●期定時株主総会招集の件

　議長より、第●期定時株主総会を以下の要領により開催したい旨及び株主総会の招集に関する事項は添付の招集通知のとおりとしたい旨を説明のうえ、議場に諮ったところ、満場一致で承認可決した。

　　1．日時　　平成●年●月●日（●）午前●時より
　　2．場所　　当社本店会議室
　　3．目的事項
　（報告事項）
　　　第●期（平成●年●月●日から平成●年●月●日まで）事業報告の件
　（決議事項）
　　　第1号議案　　第●期（平成●年●月●日から平成●年●月●日まで）計算書類承認の件

（略）

　以上議案の審議を終了したので、議長は閉会を宣した。

　上記議事の経過の要領及び結果を明確にするため、本議事録を作成し、議長及び出席取締役は次に記名捺印する。

（略）

▶ 図 【書式例】株主総会の招集通知

平成●年●月●日

株主各位

東京都●区●●丁目●番●号
●●株式会社
代表取締役　●●

定時株主総会招集ご通知

拝啓　ますますご清祥のこととお慶び申し上げます。

　さて、当社定時株主総会を下記のとおり開催いたしますので、ご出席下さいますようご通知申し上げます。なお、当日ご出席願えない場合は、同封の委任状用紙に賛否をご表示いただき、ご押印のうえご返送くださいますようお願い申し上げます。

敬　具

記

1．日　　時　　平成●年●月●日（●）午前●時●分
2．場　　所　　東京都●区●●　●丁目●番●号
　　　　　　　　当社本店会議室
3．会議の目的事項
　　報告事項　第●期（平成●年●月●日から平成●年●月●日まで）事業報告の件
　　決議事項　第1号議案　第●期（平成●年●月●日から平成●年●月●日まで）計算書類承認の件
4．その他事項

（略）

議案の要領

（略）

3-2 取締役会は3か月に1回以上、開催しないといけません

事例 当社は今の社長が一代で築き上げた会社です。社長はやり手でカリスマ性があって、私も大変尊敬しています。しかし、ワンマン経営で、取締役会等は開催されたことがありません。社長には、取締役会を開催してもらい、私ども取締役も会社に貢献したいと思っています。他方で、取締役会を開催しないことで会社に不利益なことがあるのではないかと心配しています。

ポイント

☑ 取締役会は、法律上、3か月に1回は必ず開催する必要があります。

☑ 取締役会では、会社経営上の重要事項を決定します。

☑ 議題に関して特別利害関係がある取締役は決議に参加することができません。

☑ 招集通知に記載されていない議題でも、取締役会で決議することができます。

📖 取締役会は開催頻度が決められています

　取締役会を設置している会社であっても、多くの会社では取締役会が開催されていないというのが実際のところではないでしょうか？　しかし、**法律上、代表取締役等、業務を執行する取締役は、3か月に1回以上、職務の執行状況を取締役会に報告しなければならないと定められています**ので（会社法第363条第2項）、**3か月に1回は取締役会を開催しなければなりません**。もっとも、上場会社や中堅企業等では月次の数字を把握したりするためにも、少なくとも月に1回以上は取締役会を行っている会社が多いと思います。

　取締役会を開催したら議事録を作成して（会社法第369条第3項）、その議事録を取締役会の日から10年間保管しておかなければなりません（会社法第371条第1項）。

📖 取締役会の運営

　では、取締役会はどのように運営すればいいのでしょうか？　以下では、実際にどのように取締役会を運営していくのか、取締役会の決議事項や報告事項、決議の方法、招集手続について確認していきます。

📘 取締役会の決議事項

　取締役会の決議事項は、会社法上、取締役会で決議しなければならないと決められている事項と、会社が独自に取締役会の決議としている事項があります。

　　＜会社法上の決議事項の例＞
　　・株主総会の招集（会社法第298条第4項）
　　・代表取締役の選定及び解職（会社法第362条第2項第3号）
　　・重要な財産の処分及び譲受け（会社法第362条第4項第1号）
　　・多額の借財（会社法第362条第4項第2号）

＜会社が独自に取締役会の決議としている事項の例＞
・中期経営計画や年間計画の策定等、経営計画に関する事項
・支店や営業所の設置・廃止等、組織に関する事項
・労務政策や従業員の採用枠等、人事に関する事項　　　等

📖 取締役会の報告事項

　取締役会では、決議だけでなく報告も行われます。会社法で定められている報告事項は、以下のとおりです。

＜取締役会の報告事項＞
・代表取締役らによる職務執行の状況の報告（会社法第363条第2項）
・取締役の競業取引の報告（会社法第365条第2項）
・取締役の利益相反取引の報告（会社法第365条第2項）
・監査役による取締役の不正行為等の報告（会社法第382条）

　もちろん、上記報告事項だけでは足りません。業績について毎月の数字も把握する必要がありますし、会社によって役員で共有しておく情報が異なりますので、会社ごとに取締役会の報告事項とする情報を決めておく必要があります。

▶ 図　取締役会の運営方法

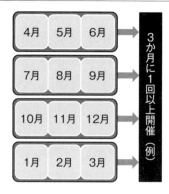

取締役会の決議方法

取締役会では、取締役が報告を行ったり、決議を行ったりします。特に決議は会議で決定するので、一定のルールがあります。

決議方法

取締役会の決議は、議決に加わることができる取締役の過半数が出席し、出席した取締役の過半数で決定します（会社法第369条第1項）。

また、監査役も出席し（会社法第383条第1項）、意見を述べることができますが（会社法第383条第1項）、監査役は取締役会の決議に参加できませんし、取締役会に議題を提出することもできません。

特別利害関係

取締役会での議案について、特別の利害関係を有する取締役は決議に参加することができません（会社法第369条第2項）。そして、次のような場合が特別利害関係に該当するとされています。もし該当する議案を決議する場合には注意が必要です。

＜特別利害関係の例＞
・利益相反取引の承認について、承認を求める取締役
・代表取締役の解職について、解職の対象となっている代表取締役
・譲渡制限株式の譲渡承認について、譲渡当事者の取締役

▶ 図　特別利害関係の例

📖 取締役会の招集手続

一般的な招集手続を「図　取締役会の招集手続」に示します。流れを確認してください。この図では通常の手続を説明していますが、株主総会と同様、取締役会も書面決議によることが可能です（ただし、取締役会で書面決議をすることができることについて定款で定めている必要があります）。すなわち、取締役会の目的事項として提案された事項について、取締役の全員が書面で同意した場合には、①②③のいずれも省略することができます。ただし、監査役が異議を述べた場合は書面決議によることはできません。

なお、取締役会では、招集通知に議題として記載されていない事項についても、議題として取り上げて決議することが可能です。

▶ 図　取締役会の招集手続

①招集の通知（必ずしも書面で行う必要はなく、メールでも可）

原則として各取締役が招集できますが、定款で取締役会の招集者を代表取締役と定めている場合等は代表取締役が招集します。招集の際に連絡する事項は、会議の日時・場所です。議題も記載されるのが一般的ですが、取締役会では、株主総会の場合と異なり、通知に記載されていない議題についても決議することができます。

②招集期間

会社法上は、取締役会の1週間前（中1週間）までに通知することとされていますが、定款でこの期間を3日とか、5日に短縮している会社もあります。また、取締役や監査役が同意していれば、招集手続を省略することも可能です。

③取締役会の開催

議長は、代表取締役としている会社が多いです。決議の方法は、賛否がわかれば挙手、その他の方法で構いません。前掲の「図　特別利害関係の例」にご注意ください。

取締役会規則の作成

　以上、取締役会の決議事項や運営について説明しましたが、これらに関する規則として取締役会規則を定めておくことが肝要です。なぜかというと、決議事項の「重要」や「多額」というのも会社の規模や種類によって異なるからです。

　また、運営方法についても、毎回招集の方法が違っていたり、社長が不在の場合に議長がいなかったりということがないよう、運営の細かなルールを規則という形で作成しておくのが有用です。

▶ 図 【書式例】取締役会の招集通知

平成●年●月●日

取締役　各位

●●株式会社
代表取締役　●●

取締役会招集通知

以下のとおり臨時取締役会を開催しますので、ご出席下さい。

日　時：平成●年●月●日（●）午後●時●分

場　所：当社本店会議室

議　題：臨時株主総会招集の件

以上

▶ 図 【書式例】取締役会の書面決議

取締役会議事録

（会社法第 370 条に基づく書面決議）

1. 提案者　代表取締役　●●

2. 取締役会があったものとみなされた事項の内容
　　第1号議案　●●の件

3. 取締役会の決議があったものとみなされた日
　　平成●年●月●日

4. 議事録作成者　代表取締役　●●

　以上のとおり、会社法第 370 条及び定款第●条により、取締役会の決議の目的である事項の提案につき、取締役の全員が同意の意思表示をし、監査役が異議を述べなかったことから、取締役会の決議があったものとみなされたので、当該事項につき議事録を作成する。

　　平成●年●月●日

　　　　　　　　　　　　　　　　　　●●株式会社　取締役会
　　　　　　　　　　　　　　　　　　　　　代表取締役　●●

注）このサンプル議事録は、書面決議になります。通常の決議の議事録は、3-3の節末にある「図　【書式例】取締役会の議事録」を参考にしてください。

3-3 議事録は登記のときだけあればいいものではありません

事例 当社は、株主総会や取締役会自体、開催したりしなかったりで、議事録に関しては、登記に必要なときだけ作っているという状況です。議事録を作成していないことが会社にとって不利益になるのではないかと心配です。何よりも、取締役個人にも何か影響が及ぶのではないかと気が気でなりません。

ポイント

- ☑ 議事録は、株主総会や取締役会で議論された内容を保存しておく大切な書類です。
- ☑ 議事録は、登記の添付書類として必要になることがあります。
- ☑ 取締役は、議事録に異議をとどめておかないと決議に賛成したものと推定されます。
- ☑ 株式の譲渡承認等、議事録を作成しておかないとあとで紛争になることがあります。

議事録なしはトラブルのもと！

📖 議事録を作成することにはきちんと実益があります

　株主総会の項目（3-1）、取締役会の項目（3-2）でも見たように、**株主総会や取締役会を開催した場合には、議事録を作成して保存する義務があります。** また、現実的な必要性という観点から、登記の添付書類のために作成するということもあります。

　このような義務的な側面だけでなく、議事録には作成する実益があります。たとえば、株主総会の項目（3-1）でも説明したように、会社を第三者に売却する場合です。このような場合、きちんと議事録が作成されていないと、第三者には株主総会や取締役会で決議されていないと判断されます。また、これらの決議を欠いていると、会社の行為が無効となることもあります。そうなると、会社の売却価格が低くなったり、株式の発行等が無効となったり、重要な内容に影響を及ぼして会社を売却できないということにもなりかねません。

　また、それぞれの会議で行われた内容の証拠としても重要です。株主総会では、役員の報酬を決めることになりますが、これも役員報酬を受ける根拠として、議事録を残しておく必要があります。取締役会では、各取締役が色々な意見を述べます。**ときには、過半数の決定に異議を述べることもあります。このとき、異議を述べたことを議事録に残しておかなければ、賛成したものと推定されます**（会社法第369条第5項）。

　さらに、特に重要なのが譲渡制限株式の承認です。多くの会社では、**株式を譲渡するには取締役会（または株主総会）の承認を要すると定款に定められていますが、この承認があったかどうかの証拠も取締役会（または株主総会）の議事録となります。** この株式譲渡の承認は、会社の支配権争い（株式の帰属の争い）で非常に重要な争点となりますので、特に注意が必要です。

株主総会の議事録

株主総会では、役員の選任や定款変更、新株の発行等、登記にかかわるものが多くあります。そのため、議事録が適切に作成されていないと登記申請の際に不備となってしまうことがあるため、注意が必要です。

次に示す「図 【書式例】株主総会の議事録」を見ながら、記載事項と記載事例を確認してみてください。

▶ 図 【書式例】株主総会の議事録

```
               第●回　定時株主総会議事録
1．日　　時     平成●年●月●日　午前●時●分開会
                               午前●時●分閉会
2．場　　所     当社本店会議室
3．出　　席
    当会社株主数                              ●名
    発行済株式総数                            ●株
    議決権を行使することができる株主数        ●名
    議決権を行使することができる株主の総議決権の数  ●個
    本日出席の当該株主数（委任状による者を含む）    ●名
    出席した当該株主の有する議決権の数        ●個
4．出席役員    取　締　役　●●、●●、●●
5．議　　長    代表取締役　●●
6．議事録作成者　代表取締役　●●
7．議事の経過の要領及びその結果
  議長は、上記のとおり、本総会は適法に成立した旨を述べ、開会を宣
言し議案の審議に入った。
```

報告事項

　第●期（平成●年●月●日から平成●年●月●日まで）事業報告の件

　　議長は、第●期における営業状況を詳細に説明した。

決議事項

　第1号議案　第●期（平成●年●月●日から平成●年●月●日まで）

　　　　　　計算書類承認の件

　議長は、本議案について貸借対照表、損益計算書、株主資本等変動計算書及び個別注記表を提示して、その承認を求めたところ出席株主の議決権の過半数の賛成をもって、原案どおり承認可決された。

（略）

　以上議案の審議を終了したので、議長は閉会を宣した。

　上記議事の経過の要領及び結果を明確にするため、本議事録を作成し、議事録作成者は、次に記名捺印する。

平成●年●月●日　●●株式会社　定時株主総会

　　　　　　　代表取締役　●●

※〔記載事項〕会社法第318条第1項、会社法施行規則第72条
①株主総会の開催日時
②株主総会の開催場所
③株主数と議決権数、出席した株主数と議決権数：株主の議決権数は、株主名簿で確認をします。出席の株主数と議決権数には、委任状による出席と議決権行使書の数も含めます。
④出席した役員
⑤株主総会の議長：開催前に、定款に議長の定めがあるか確認します。
⑥議事の経過の要領と結果：決議事項は、可決・否決を明らかにしておきます。
⑦議事録を作成した取締役名：作成者の押印や出席した役員の記名押印は義務ではありませんが、実務上は記載することが多いようです。

3　株主とのトラブルを回避するための法律知識

📖 取締役会の議事録

続いて、取締役会の議事録について確認します。次に示す「図 【書式例】取締役会の議事録」を見ながら、記載事項と記載事例を確認してみてください。

なお、取締役会設置会社では、事業報告・計算書類・附属明細書について取締役会の承認が必要となります。定時株主総会の招集と併せて決議されることが多いので、3-2 の議事録も参考にしてください。

▶ 図 【書式例】取締役会の議事録

取締役会議事録

1. 日　時　　　平成●年●月●日　　午前●時●分開会
　　　　　　　　　　　　　　　　　午前●時●分閉会
2. 場　所　　　当社本店会議室
3. 出　席　　　出席取締役●名（取締役総数●名）
　　　　　　　●●　●●　●●
4. 議　事

　代表取締役●●は、定款の規定により議長となり、開会を宣し、議事に入った。

決議事項

議案　第●期事業報告及び計算書類の件

　議長より、添付のとおり、第●期（平成●年●月●日から平成●年●月●日まで）事業報告、計算書類及びこれらの附属明細書について承認を得たい旨提案し、議場に諮ったところ、満場一致で承認した。

（略）

以上議案の審議を終了したので、議長は閉会を宣した。

　上記議事の経過の要領及び結果を明確にするため、本議事録を作成し、議長及び出席取締役は次に記名捺印する。

平成●年●月●日　●●株式会社取締役会

議　　　長　　　代表取締役　　　　●●　印

出席取締役　　　●●　印

　　同　　　　　●●　印

※〔記載事項〕会社法第369条第3項、会社法施行規則第101条
①取締役会の開催日時
②取締役会の開催場所を記載します。
③出席した役員：どの議案について決議したかわかるように、途中参加途中退席についても明らかにします。
④取締役会の議長：開催前に、取締役会規則に議長の定めがあるか確認します。
⑤議事の経過の要領と結果：決議事項は、可決・否決を明らかにしておきます。特に、異議があった場合には、異議の内容を記載しておきます。
⑥出席した取締役及び監査役の記名押印：株主総会議事録とは異なり、誰が議事録を作成したかまでは明らかにする必要はありません。

3-4 取締役には特有の注意事項があります

事例 今の会社に中途入社し、従業員として働いてきましたが、先日、社長から「来年の株主総会後から取締役として頑張ってもらうから」といわれました。正直、取締役がどういうものなのかわからないので、概要を知りたいです。特に、社長が会社を自分のものだと思っているようで、会社から低廉な価格で不動産を購入したり、自分の借金の保証人を会社にしたりしているのが気になります。これは取締役として問題ないのでしょうか？

ポイント

- ☑ 取締役会が設置されている会社の取締役か、それとも設置されていない会社の取締役かによって役割が大きく変わります。
- ☑ 取締役の報酬は、株主総会で上限を設定します。
- ☑ 取締役は、競業避止義務を負っています。
- ☑ 取締役は、利益相反取引に特に注意が必要です。

取締役の役割は取締役会の設置の有無で異なります

　取締役の位置付けや役割は、取締役会が設置されている会社なのか、それとも設置されていない会社なのかにより大きく異なります。

取締役会が設置されている会社

　取締役会が設置されている会社での取締役の役割は、取締役会が行う業務執行に関する意思決定に参加することです（会社法第362条第2項第1号）。業務執行の意思決定というのは、売上目標を立てたり、設備投資を決定したり、人員計画を策定したりすることです。この決定した内容を実行することを**業務の執行**といい、代表取締役や業務執行取締役（取締役会で決議します）が行います。また、取締役は、代表取締役や業務執行取締役が行う業務の執行を監督しなければなりません（会社法第362条第2項第2号）。

　このように、**取締役会が設置されている会社での取締役の基本的な役割は、取締役会に出席して意思決定に参加すること、及び業務執行を監督することになります**。ただ、中小企業の場合には、このような意思決定に参加するだけや、他の取締役を監督しているだけという取締役は少なく、多くの取締役が業務執行を行っています。

▶ 図　取締役会が設置されている会社での取締役の主な役割

📖 取締役会のない会社

取締役会のない会社の取締役は、何らの手続もなく、業務執行権を有しています（会社法第 348 条第 1 項）。

📖 取締役は勝手に辞められないことがあります

次に、取締役と会社の関係について見ていきます。特に断りがない限り、以下では取締役会が設置されている会社を想定して説明しています。

📖 取締役の就任と退任

取締役は、株主総会で選任されます。取締役の任期は、原則として選任後 2 年以内に終了する事業年度のうち、最終のものに関する定時総会の終結の時までになります（会社法第 332 条第 1 項）。

ただ、株式の譲渡が制限されている会社では、定款で、2 年以内を 10 年以内とすることができます。従業員から役員になった方の中には任期を知らないという人もいますので、一度定款を確認して見てください。

▶ 図　取締役の任期

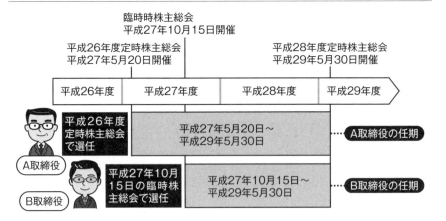

取締役は、上記任期満了で終了しますが、何もなければ再任されるのがほとんどだと思います。この任期満了以外の終了事由は、辞任、解任（株主総会で決議する必要があります）、死亡です。

　この辞任に関して、注意点が1つあります。取締役会設置会社の場合、取締役は最低でも3人以上必要です（取締役会非設置会社であれば1人でもOK）。そのため、**会社（社長）に辞任（任期満了による終了も同様）を申し出たとしても、辞任により取締役が2人になってしまう場合には、後任の取締役が就任するまで、取締役を辞めることができず、また退任したことの登記変更もできません。**

役員報酬：定款に定めるか、株主総会で決めます

　取締役は、職務に対する対価として、報酬を受け取ります。この報酬は、取締役だけで話し合って勝手に決めてよいというものではありません。取締役の報酬は、定款に定めるか、株主総会の決議によって決める必要があります（会社法第361条）。報酬は、Aさん○円、Bさん○円というように決める必要はありません。取締役全員で、総額○円と決めれば足ります。多くの場合、個別の役員の報酬金額の決め方は、取締役会で代表取締役に一任するという決議をとって、社長が報酬を決めることになります。従業員から取締役になった方等は、社長が給料を決めているのとあまり変わらないですね。

役員退職慰労金について

　注意していただきたいのは、報酬の中には、役員退職慰労金等も含まれるということです。役員退職慰労金をがっぽりもらおうと思っていたら、株主総会で決議した報酬総額の上限を越してしまうという可能性もあります（オーナー社長の場合は、株主総会をやってしまえばいいだけですが）。また、役員退職慰労金に関しては、金額次第では税法上全額損金として計上できないということもありますので注意してください。

取締役の注意事項

　取締役には特有の注意事項があります。競業避止義務と利益相反取引です。いずれも、競業や利益相反取引をするには取締役会の事前承認を得る必要があります。なお、取締役会で承認決議するときには、競業や利益相反の対象となる取締役は特別利害関係人となります（**3-2**参照）。

競業避止義務

　競業避止義務というのは、会社の事業と同種または類似の業務を取締役個人でやったり、別の会社でやったりする場合には、取締役会の承認が必要となります（会社法第365条、第356条）。取締役は、会社の重要な情報を知っているので、その情報を使って似たような事業を行うと、会社の利益が損なわれてしまうからです。

▶ 図　取締役には競業避止義務がある

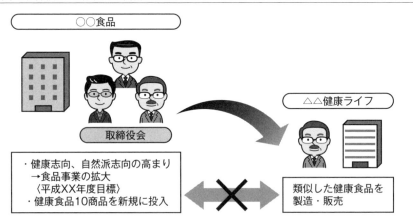

利益相反取引

　利益相反取引というのは、取締役が利益を得る一方で会社が損をするような取引をいいます。この利益相反取引も取締役会の承認が必要となりますが、取締役会の承認を受けていない会社が多いのが現状です。

　利益相反取引には次に示す「直接取引」と「間接取引」があり、このような取引の際にはちょっと危ないかも？ という感覚が働くようにしてください。

▶ 図　直接取引の例：会社と役員（取締役）個人が取引を行うケース

▶ 図　間接取引の例：取締役の債務を会社が保証するケース

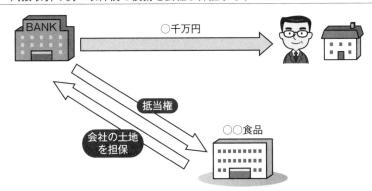

▸ 図 【書式例】取締役会議事録

取締役会議事録

開催日時　　平成●●年●●月●●日　午前●●時●●分
開催場所　　株式会社●●　本社　会議室
出席者　　　取締役●名中●名　●●　●●
　　　　　　監査役●名中●名　●●　●●

（略）

議案　取締役の報酬決定の件

　議長は、各取締役の報酬額について、第●期定時株主総会において承認された取締役の報酬総額の範囲内で、代表取締役に一任することとしたい旨を説明し、その賛否を諮ったところ、出席取締役全員一致でこれを承認可決した。

　議長は、以上をもって全議題を終了した旨を述べ、午前XX時XX分閉会を宣した。

（略）

【議事録のサンプル：取締役の賞与決定】

> 議案　取締役の賞与決定の件
>
> 議長は、各取締役の賞与額について、第●期定時株主総会において承認された取締役の報酬総額の範囲内で、代表取締役に一任することとしたい旨を説明し、その賛否を諮ったところ、出席取締役全員一致でこれを承認可決した。

【議事録のサンプル：競業取引承認】

> 議案　競業取引承認の件
>
> 議長は、当社取締役●●が●年●月●日付で●●株式会社代表取締役に就任する予定であるところ、同社は、●事業を行っているが、これは当社の事業と同種のものであり両社に競合が生じる。当社取締役●●が、●社の代表取締役として同社を代表してこのような事業を行うことは、会社法に定める競業取引（会社法第356条1項1号）に該当することから、この競業取引について取締役会の承認を求める旨の説明がなされた。議長が本議案の賛否を諮ったところ、出席取締役全員一致でこれを承認可決した。なお、取締役●●は、本議案につき特別利害関係にあるため、審議及び決議に参加しなかった。

【議事録のサンプル：利益相反取引承認】

> 議案　利益相反取引承認の件
>
> 議長は、取締役●●が代表取締役を務める●●社に対して●●業務を委託することとし、添付のとおり●●契約を締結したい旨を提案し、業務の内容、委託料、契約期間その他の契約条件について説明し、審議の上、議場に諮ったところ、出席取締役全員一致で承認可決した。なお、取締役●●は、本議案につき特別利害関係にあるため、審議及び決議に参加しなかった。

3-5 取締役は善管注意義務と監督義務を負います

初めて取締役に就任することになったのですが、取締役は、会社に損害を与えたら、その損害を賠償しなければならない、賠償しなかった場合には、会社や株主から訴えられると聞いています。
正直、初めてのことで取締役として何をやったらいいのかわかりませんし、損害の全責任を負わされるのであれば堪らないので、辞退することも考えています。どのような場合に責任を負わされるのか、教えてください。

ポイント

☑ 取締役は会社に対して善管注意義務、監督義務を負っています。
☑ 取締役が会社に損害を与えたときは責任を負うことがあります。
☑ 取締役は、第三者に損害を与えたときに責任を負うことがあります。
☑ 取締役は、会社が取締役に対して損害賠償請求をしないときは、株主から損害賠償請求をされます。

会社と契約し、その契約関係で義務を負います

3-4 では、取締役の就任・退任や任期等、取締役の概要を確認しました。本項では、取締役の責任という点にスポットを当てて見ていきます。
まず、取締役の会社に対する責任を見ていきます。

取締役と会社の契約

従業員が会社と雇用契約を結んで働いているように、取締役も会社と契

約をして働いています。オーナー社長ですと、自分で作った会社なので自分のために働いているという感覚があるかもしれませんが、**法的には、取締役は会社と契約して会社のために働いていることになります**。このときの取締役と会社との契約関係は、委任契約関係（会社法第330条）と規定されています。この委任契約関係から、取締役は、会社に対して次のような義務を負っていることになります。

📖 善管注意義務とは

　最も基本的な義務が、取締役の会社に対する善管注意義務です。前述のとおり、取締役と会社は委任契約関係にあり、委任契約では、受任者（取締役）は善管注意義務を負うと規定されていることから（民法第644条）、**取締役も会社に対して、善管注意義務を負っていることになります。この善管注意義務というのは、経営の専門家として、会社に損害を与えないよう注意して職務を行いましょうということです。**

　ただ、注意するといっても、経営の難しさからすれば、結果的に会社に損が発生することもやむを得ない中で、損害の発生＝不注意とされては困ります。そこで、**経営判断の原則**というルールがあります。経営判断の原則というのは、①経営判断をする際の事実の認識に誤りがなかったかどうか、②また、意思決定自体が著しく不合理ではなかったかどうかという2点から判断されます。

📖 監督義務とは

　取締役は、善管注意義務の一内容としてさらに他の取締役を監督する義務を負っています。取締役会設置会社では、取締役会で職務を執行する取締役（代表取締役や職務執行取締役）を選定し、選定された取締役が取締役会で決定された経営方針にしたがって、実務を行っていきます。これに対し、職務を執行する取締役に選ばれていない取締役はどうするのでしょう？　このような取締役は、取締役会に報告事項として上がってくる情報や、決議する際に必要な情報を得て、代表取締役等の職務の執行が法令に違反していないか等をチェックしなければなりません。

▶ 図　取締役が会社に対して負う義務

　このように、**取締役は、取締役会を通じて、他の取締役の職務の執行を監督しなければならない義務を負っています**（会社法第362条第2項第2号）。

会社法第423条第1項の責任

　取締役の会社との関係における主な義務を説明しましたが、取締役がこれらの義務に違反した場合には、任務懈怠（けたい）となり、会社に対して損害を賠償する義務を負います（会社法第423条第1項）。

株主代表訴訟（株主による責任追及等の訴え）とは

　取締役が任務に背いて会社に損害を与えた場合、会社が取締役に対して、損害を賠償するよう請求するのが本筋です。しかし、会社を経営している取締役に自分を訴えるよう求めても、実効性を欠きます。そこで認められているのが、株主が会社に代わって取締役を訴えるというものです。これは、株主代表訴訟と呼ばれています。

会社への提訴請求

　すべての株主が、いきなり株主代表訴訟を提起できるわけではありません。提起できるのは6か月前から引き続き株式を有する株主です（会社法第847条第1項）。ただし、非公開会社の場合には6か月の要件はありません（会社法第847条第2項）。
　また、株主は、まず会社に対して取締役に対する責任追及の訴えを提起

するよう、書面で請求しなければなりません（会社法第847条第1項）。

📖 株主の提訴

株主から提訴請求を受けた会社が、請求を受けた日から60日以内に、訴えを提起しなかった場合には、株主が、取締役の責任追及の訴えを提起することができます（会社法第847条第3項）。

また、株主は、会社が60日以内に訴えを提起しなかったときは、会社に対して訴えを提起しない理由を求めることができ、会社は、書面で理由を通知しなければなりません（会社法第847条第4項）。

📖 取締役の第三者に対する責任について

取締役は、会社に対する任務を懈怠して第三者に損害を与えてしまった場合には、その第三者に対しても損害を賠償する責任を負わなければなりません（会社法第429条第1項）。

📖 会社法第429条第1項の責任

本来であれば、会社の任務に背いただけだから、会社に対してだけ責任を負えばいいとも考えられますが、株主や会社債権者が損害を受ける場合を考えて、このような特別の責任が法定されました。ただし、会社に対する責任と異なり、悪意または重過失がある場合に限り、責任を負うとされています。

3-6 譲渡制限株式を譲渡するには会社の承認が必要です

当社は、大学時代の友人数人で起業した会社です。少しずつ事業も大きくなってきたところですが、先日、方向性の違いもあり、メンバーの1人から辞めたいという話がありました。その際、株式については、別の友人を連れてくるから、その人に譲ることにしたといわれました。将来のビジョンが違う以上、辞めるのは構わないのですが、勝手に連れてきた人を株主として加えないといけないのでしょうか？
なお、当時はあまり深く考えないで作成したのですが、当社の定款には、株式の譲渡制限の規定があります。

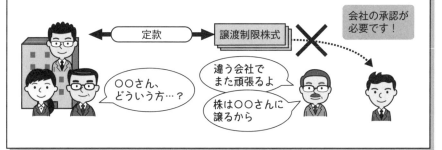

ポイント

- ☑ 譲渡制限株式は、株式を譲渡するために会社の承認が必要な株式のことをいいます。
- ☑ 譲渡の承認機関は定款で自由に決めることができます。
- ☑ 承認しない場合は会社か会社指定の第三者が株を買い取ります。
- ☑ 譲渡制限株式を相続により取得した相続人に対して売渡しの請求ができます。

📖 株式譲渡の制限は定款で定める必要があります

株式は自由に譲渡できるのが原則です（会社法第127条）。なぜなら、株式は、貸付ではなく投資であり、投資先である会社に返金してとはいえないため、別の人に売って金銭に換えるしかないからです。しかし、少数の株主で経営している会社のような場合には、株式が自由に譲渡できてしまうと、好ましくない者が経営にかかわってしまうという不都合が生じてしまいます。そこで認められているのが譲渡制限株式です。

譲渡制限株式の概要

譲渡制限株式というのは、定款で、株式の譲渡について会社の承認を要することが定められた株式のことをいいます。会社の承認が得られなかった場合、会社に対して、株式の移転があったことは認めてもらえません。

ここで**重要なのは、株式譲渡の制限は、定款で定めるということです**。起業したときのメンバーで、お互いに株式を誰かに売却しないように約束していてもダメです。これは**株主間契約**と呼ばれるもので、約束に違反して譲渡した場合、契約違反にはなりますが、譲渡の効力は生じます。

▶ 図　定款で定めず株主間契約だけでは譲渡が有効になる

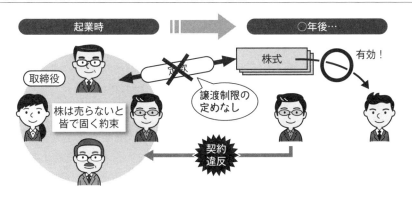

譲渡の承認機関

　定款で株式の譲渡制限を定めると、株式を譲渡するには会社の承認が必要となります。このとき、承認するのは、取締役会設置会社であれば取締役会、取締役会が設置されていなければ株主総会となるのが原則です（会社法第139条）。しかし、定款で定めれば、承認を代表取締役とすることもできますし、取締役会設置会社でも株主総会の承認とすることもできます。

譲渡制限株式の譲渡承認の手続について

　続いて、株式の譲渡承認の手続について説明します。本節末に【書式例】も掲載しますので、併せて確認してください。ただし、本節末に掲載した【書式例】は、取締役会設置会社を念頭に置いたものです。この点にはご注意願います。

承認の請求

　まず、株主が、譲渡制限株式を譲り渡そうとするときに、会社に対して承認するかどうかの決定を請求します（会社法第136条。本節末の「図【書式例】譲渡承認請求」参照）。

譲渡の承認

　株主から譲渡承認請求がきたら、会社は承認機関（取締役会、株主総会、代表取締役等）が承認するかどうかを決定します。そして、この決定を承認の請求をした人に通知します（会社法第139条第2項）。なお、**請求の日から2週間以内に通知をしなかった場合には、会社が譲渡を承認したものとみなされます**ので、注意してください（会社法第145条第1号）。また、取締役会が承認機関の場合で、取締役の中に株式譲渡の当事者がいる場合には、当該取締役は特別利害関係人として、決議に参加できません（本節末の「図　【書式例】譲渡承認の取締役会議事録」参照）。

▶ 図　譲渡制限株式の譲渡承認の手続

譲渡制限株式
①譲渡承認の請求 →

〈承認機関〉
譲渡を承認するか
どうかを決定

← ②請求から2週間以内に結果を通知
※請求から2週間以内に通知しない場合
譲渡を承認したものとみなされる

譲渡を承認しない場合の対応

　会社は、譲渡を承認しない場合には、株主が株式を換価できるようにするため、買取者を決定しなければなりません。

買取者の決定

　会社が譲渡を承認しないため、株主から会社または会社指定の買取人による買取りを請求された場合には、会社は、会社が買い取るか、買取人を指定しなければなりません。会社が買い取る場合には株主総会の特別決議（譲渡の承認請求をしている株主は議決権を行使することができません）が必要になります（会社法第140条第1項〜第3項、第309条第2項第1号）。

　会社が買取人を指定するときは、株主総会（取締役会が設置されているときは取締役会）が決議します。その他、一定額の供託や決定した内容の通知が必要となります（会社法第141条〜第142条）。

売買価格の決定

　譲渡を承認しなかった場合には、譲渡したいという株主と会社または会社の指定した買取人との間で、株式の売買をすることになります。このとき、株式の売買代金が当事者間でまとまればよいですが、まとまらないときは、裁判所に対して売買価格の決定の申し立てをすることになります。

申立ては、譲渡したい株主からでも、会社（または指定買取人）からでも、行うことができます。

　申立てを受けた裁判所は、会社の資産状態その他一切の事情を考慮して価格を決定します（会社法第144条第3項）。具体的には、裁判所は、類似会社比準方式、純資産方式、DCF（ディスカウンティッド・キャッシュ・フロー）方式、配当還元方式、収益還元方式等の株価算定方法を用いて、価格を決定します。

相続人に対する売渡請求について

　会社は、定款で定めれば、相続により譲渡制限株式を取得した者（相続人等）に対して、株式を会社に売り渡すよう請求することができます（会社法第174条）。

　会社が売渡しを請求する場合には、特別決議による必要があります（会社法第175条第1項、第309条第2項第3号）。会社が売渡しを請求するには、株式が承継されたことを知った日から1年以内という制限があります（会社法第176条第1項ただし書）。

　会社が売渡請求をしたのに対し、相続人との間で売買価格についてまとまらないときは、先に述べた株式譲渡の場合と同様、裁判所に対して売買価格の決定の申立てをします（会社法第177条第3項）。

▶ 図 【書式例】譲渡承認請求

株式譲渡承認請求書

株式会社●●　御中

　私は、貴社の株式を下記の者に譲渡いたしたく、貴社取締役会のご承認を請求いたします。

記

1. 譲渡をしようとする譲渡制限株式の種類及び数
　　　普通株式　　●株

2. 譲渡をしようとする相手方
　　　（住所）
　　　（氏名）　●●　●●

平成●年●月●日

　　　　　　譲渡人（住所）
　　　　　　　　　（氏名）●●　●●　　印

3 株主とのトラブルを回避するための法律知識

▶ 図 【書式例】譲渡承認の取締役会議事録

取締役会議事録

1. 開催日時　　平成●年●月●日　午前●時●分
2. 開催場所　　株式会社●●　本社　会議室
3. 出席者　　　取締役●名中●名　　●●　●●
　　　　　　　監査役●名中●名　　●●　●●

（略）

　　　議案　当社株式の譲渡承認の件

　議長は、株主●●から、下記のとおり、当社株式の取得について承認するか否かの決定をすることを請求されている旨を説明し、その賛否を諮ったところ、出席取締役全員一致でこれを承認可決した。なお、取締役●●は、本議案につき特別利害関係にあるため、審議及び決議に参加しなかった。

記

　　　譲渡人　　　●●　●●
　　　譲受人　　　［住所］
　　　　　　　　　［氏名］
　　　株式数　　　普通株式　［●］　株

以上

　議長は、以上をもって全議題を終了した旨を述べ、午前●時●分閉会を宣した。

（略）

第 **4** 章

社会とのトラブルを回避するための法律知識

~ 不正競争・商標・著作権 ~

4-1 偽物（粗悪品）の販売をやめさせるには？

事例 当社の主力商品の洗剤は関東地方ではそれなりのシェアを持っており、CMもよく流れています。しかし、現在、当社の商品名だけでなく、商品の形まで似ている商品（偽物）が販売されています。これでは当社の商品と誤解した消費者が偽物を買ってしまうおそれがあります。また、偽物は品質が悪く、誤解した消費者が当社商品について悪い印象を抱いてしまうおそれがあります。偽物の販売を止めさせたいのですが、そのようなことはできるのでしょうか。

自然由来でよく落ちる洗濯洗剤

うちの商品の粗悪品が出回っている…

ポイント

☑ 他社の商品や営業の表示として広く認識されているものを利用して、消費者に他社の商品と誤解させることは、不正競争行為に該当する可能性があります。

☑ 他社の表示として著名なものを利用すると、不正競争行為に該当する可能性があります。

☑ 他人の商品の形態を真似したりすると、不正競争行為に該当する可能性があります。

☑ 不正競争行為に対する民事上の措置としては、①差止請求、②損害賠償請求、③信用回復措置が認められています。

不正競争防止法はフリーライドを許しません

　ヒット商品はいきなりヒット商品になるわけではなく、企画、研究開発、広告宣伝、営業、販売等の各段階で様々な努力を経て売れていきます。このような努力にフリーライドする、つまり、ヒット商品の名称や商品を真似して売れば、真正な商品であると誤解した消費者が購入してしまい、模倣商品が売れ、真正品を販売する者が不利益を受けてしまうことになり得ます。このような不正な行為を防止するのが不正競争防止法です。

　不正競争防止法は、「事業者間の公正な競争及びこれに関する国際約束の的確な実施を確保するため、不正競争の防止及び不正競争に係る損害賠償に関する措置等を講じ、もって国民経済の健全な発展に寄与すること」を目的として制定されています（不正競争防止法第1条）。フリーライドを許してしまえば、正当な事業者が利益を得ることはできなくなり、公正な競争ができなくなってしまいますし、消費者も不利益を受けかねません。不正競争を防止することにより、国民経済の健全な発展を目指しているのです。

▶ 図　フリーライドは当事者だけの問題ではない

不正競争防止法の体系

　不正競争防止法では、いかなる行為が不正競争行為となるかを定義して、定義された不正競争行為に当てはまる場合に、差止請求や損害賠償請求等が認められるという体系になっています（「図　不正競争防止法の体系（法律の全体構成）」参照）。

▶ 図　不正競争防止法の体系（法律の全体構成）

法律の目的（第1条）

不正競争の定義（第2条）

① 周知な商品等表示の混同惹起（1号）
② 著名な商品等表示の冒用（2号）
③ 他人の商品形態を模倣する商品の提供（3号）
④ 営業秘密の侵害（4号〜10号）
⑤ 技術的制限手段を無効化する装置等の提供（11号・12号）
⑥ ドメインネームの不正取得等（13号）

民事的措置と刑事的措置あり

措置の

民事的措置

○差止請求権（3条）

○損害賠償請求権（4条）

○損害額・不正使用の推定等（5条等）

○書類提出命令（7条）

○営業秘密の民事訴訟上の保護（10条等）
　（秘密保持命令、訴訟記録の閲覧制限、非公開審理）

○信用回復の措置（14条）

刑事訴訟手続の特例（第23条〜第31条）

営業秘密の内容を保護するための刑事訴訟手続の特例
（営業秘密の内容を言い換え、公判期日外での尋問等）

出所）経済産業省知的財産政策室：「不正競争防止法2015」10ページ

※条文の番号や内容は、平成27年改正法施行後のもの。

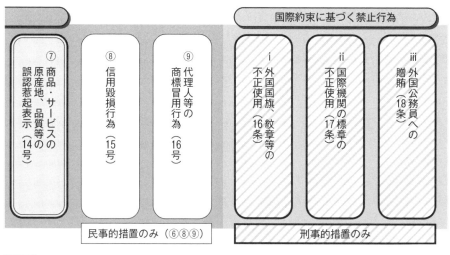

内容

刑事的措置（刑事罰）

不正競争のうち、一定の行為を行った者に対して、以下の処罰を規定。
○罰則（21条）
・営業秘密侵害罪：10年以下の懲役又は2000万円以下（海外使用等は3000万円以下）の罰金
・その他の不正競争：5年以下の懲役又は500万円以下の罰金
○法人両罰（22条）
　営業秘密侵害罪の一部：5億円（海外使用等は10億円）以下
　その他の侵害罪の全部：3億円以下
○国外での行為に対する処罰（21条6項・7項・8項）
　（営業秘密侵害罪、秘密保持命令違反、外国公務員贈賄罪）
○営業秘密侵害行為による不当収益等の没収（21条10項等）

没収に関する手続等（第32条〜第40条）

第三者に属する財産の没収手続や、没収保全の手続、没収に係る国際共助手続等

📖 不正競争行為の主な3つの例について

「図　不正競争防止法の体系（法律の全体構成）」のとおり、不正競争行為には様々な類型があります。産業スパイ行為等を規制する不正競争行為（営業秘密の不正取得）も重要性を増していますが、ここでは周知表示混同惹起行為、著名表示冒用行為、商品形態模倣行為について見ていきたいと思います。

📖 周知表示混同惹起行為（しゅうちひょうじこんどうじゃっきこうい）

　まず、周知表示混同惹起行為（不正競争防止法第2条第1項第1号）という行為が不正競争行為となります。難しい用語が並んでいますが、要するに、他人の商品を表すマーク等で有名なものを同じような商品に使用し、商品・営業の主体について消費者に誤解を生じさせることをいいます（このような誤解を生じさせることを「混同惹起」といいます）。

　周知表示混同惹起行為の要件は次のとおりです。

　＜周知表示混同惹起行為の要件＞
　① 他人の商品等表示＝他人の業務に係る氏名、商号、商品の包装等
　② ①が需要者の間で広く認識されていること
　③ ①と同一又は類似の商品等表示を使用すること等
　④ ③により他人の商品又は営業と混同を生じさせること

　なお、「需要者の間で広く認識されている」ことを「周知性」といいます。この周知性は全国的に認められる必要まではなく、一地方で広く認識されていれば足りるとされています。そのため、本事例の関東地方で有名であれば、「周知性」の要件を満たすことはできると考えられます。

📖 著名表示冒用行為（ちょめいひょうじぼうようこうい）

　著名表示冒用行為（不正競争防止法第2条第1項第2号）は周知表示混同惹起行為と似ていますが、次の点で異なります。すなわち、著名表示

冒用行為では「周知」よりもより広い知名度が必要ですが、混同が生じることが要件とはされていません。このような行為が禁止されるのは、混同が生じないとしても、正当な権利者のブランドイメージを勝手に利用し、フリーライドしていることに加えて、正当な権利者のブランドイメージを毀損してしまうおそれがあるからです。

著名表示冒用行為の要件は次のとおりです。

＜著名表示冒用行為の要件＞
① 他人の商品等表示＝他人の業務に係る氏名、商号、商品の包装等
② ①が著名であること
③ ①を自己の商品等表示として使用すること

なお、著名性は、周知性よりも高い知名度が必要と考えられています。もっとも、一地方ではなく全国的に高い知名度が必要なのか、一地方で高い知名度があれば足りるとするのかは見解が分かれています（「表　周知表示混同惹起行為（1号）と著名表示冒用行為（2号）の比較」参照）。

周知表示混同惹起行為と著名表示冒用行為の比較

周知表示混同惹起行為と著名表示冒用行為を比較すると、次表のとおりです。

▶ 表　周知表示混同惹起行為（1号）と著名表示冒用行為（2号）の構成要件の比較

	商品等表示の知名度・認知度	商品等表示の範囲	混同の要否	不正とされる行為の態様	
1号	需要者の間で広く知られている＜周知＞	同一又は類似	他人の商品又は営業と混同を生じさせる	—	使用、使用した商品を譲渡、引き渡し、譲渡又は引き渡しのために展示、輸出、輸入、電気通信回線を通じて提供
2号	全国的に需要者以外にも広く知られている＜著名＞	同一又は類似	—（混同は必要ない）	自己の商品等表示として	使用、使用した商品を譲渡、引き渡し、譲渡又は引き渡しのために展示、輸出、輸入、電気通信回線を通じて提供

出所）経済産業省知的財産政策室：「不正競争防止法 2015」16 ページ

📖 商品形態模倣行為（しょうひんけいたいもほうこうい）

　また、他人の商品の形態を真似したりすることも不正競争となります（不正競争防止法第2条第1項第3号）。独特な商品の形態はそれだけで他の商品と区別することができるので、これを真似することは他人の顧客吸引力にフリーライドしているといえるでしょう。
　商品形態模倣行為の要件は次のとおりです。

＜商品形態模倣行為の要件＞
① 他人の商品（当該商品の機能を確保するために不可欠な形態は除く）の形態
② ①を模倣した商品を譲渡すること　　　等

📖 不正競争行為に対して取り得る方法

　このような不正競争行為に対する民事上の措置としては、①差止請求・廃棄請求、②損害賠償請求、③信用回復措置が認められています。それでは、具体的に見てみましょう。

📖 差止請求・廃棄請求

　まず、差止請求・廃棄請求（不正競争防止法第3条）について説明します。
　差止請求というのは、不正競争を行う者に対して「侵害製品を販売するな」とか「〜の商号を使うな」と求めることです（不正競争防止法第3条第1項）。また、それだけではなく、**差止請求をする際に「侵害商品を廃棄しろ」という廃棄請求もすることができます**（不正競争防止法第3条第2項）。
　これらの差止請求・廃棄請求をするのに侵害者の故意又は過失は必要ではないため、自分が不正競争を行っていると思っていない者に対しても差止請求・廃棄請求をすることができます。

📖 損害賠償請求

次に、損害賠償請求（不正競争防止法第4条）について説明します。「故意又は過失」「により」「不正競争を行って」「他人の営業上の利益を侵害した者」は、これによって生じた「損害」を賠償する責任を負うとされています。

ここで特に問題となるのは、「損害」の発生・額です。通常、「損害」の発生・額を主張立証するのは被害を受けた側です。しかし、損害の中心は売上の減少であったりするので、その損害額を主張立証するのは非常に困難になってしまい、不正競争防止法の目的である公正な競争の確保ができなくなってしまいます。

そこで、次のとおり、損害額の立証については、不正競争防止法で特別の規定が設けられています（不正競争防止法第5条）。

①不正競争行為による損害額の算定

まず、侵害品の数量（譲渡数量）に、真正品の単位数量当たりの利益の額を乗じて得た額を、被侵害者の当該物に係る販売その他の行為を行う能力に応じた額を超えない限度において、被侵害者が受けた損害の額とすることができるとされています（不正競争防止法第5条第1項本文）。要するに、偽物がなければその分被侵害者製品が売れたのであるから、偽物が売れた分と同数を被侵害者製品が売れたことにして、その分の利益を損害として請求できるということです。ただし、侵害者の営業努力、市場の変化等、被侵害者が販売することができないとする事情があるときは、当該事情に相当する数量に応じた額を控除するものとされています（不正競争防止法第5条第1項ただし書）。これは、偽物が売れた分と同数も被侵害者製品が売れなかったことを偽物販売者が立証した場合には、偽物があろうがなかろうがいずれにしろ被侵害者製品は売れなかったのだから、その分は減額しますということです。

②侵害者が得た利益の額を損害額と推定

また、侵害者が利益を受けているときは、その利益の額が被侵害者の損

害の額と推定されています（不正競争防止法第5条第2項）。要するに、偽物という本来売ることができない製品で利益を得ているのだから、その分を損害とするということです。

③使用料相当額の請求

さらに、損害賠償の最低額として、使用料相当額の請求が認められています（不正競争防止法第5条第3項）。この使用料相当額の請求については、適法に使用許諾契約を締結した者と同じ使用料にする必要はないと考えられています。要するに、被侵害者製品と同種のものを偽物ではなく、正規品として販売しようと思ったら、少なくともロイヤリティ（使用料）は払わなければいけないのだから、偽物を販売して、ロイヤリティ（使用料）を払わなかった以上、その分を損害とするということです。

信用回復措置

以上のような差止請求・廃棄請求や損害賠償請求だけでは、被侵害者の救済に不十分な場合があります。たとえば、粗悪な偽物が出回ることにより、真正品が粗悪であると消費者が誤解してしまっているような場合です。そのような場合には、謝罪広告等の信用回復措置を請求することができます（不正競争防止法第14条）。

4-2 会社の商標を守るためには商標出願・登録を行いましょう

商標

事例 当社は「工房XX」というブランドを立ち上げてビジネスをしてきましたが、これまで商標出願をしたことはありません。商標出願はどのようにすればできるのでしょうか？
また、他社が当社の商標権を侵害しているのを発見したら、どうすればよいのでしょうか？

ポイント

☑ 商標出願するにあたっては、事前調査をし、登録する商標と指定商品・指定役務を決めた上で出願しなければなりません。

☑ 商標を使用する際には、原則として登録した商標と同じものを使用するのが望ましいです。

商標は登録したものをそのまま使用するのが原則です

☑ 商標の類似性の判断は、主に①外観、②称呼、③観念を総合的に考慮して行われます。

📖 商標法により、ブランド名・ロゴ等は保護されます

　私たちはある会社名、ある商品のブランド名やロゴを見たとき、「あの会社の商品だから信用できるな」等と思うはずです。このような会社名、ブランド名やロゴ等がそっくりそのまま、またはそれらとよく似たものが権利者に勝手に使用されてしまうと、どうなるでしょうか？

　消費者はあの会社の商品・サービスであると誤解してしまい、間違って商品・サービスを買ってしまうのではないでしょうか。他方、このように他人の会社名、ブランド名やロゴ等を勝手に使用する悪徳業者が不正に利益を得てしまう一方で、正当な権利者の利益が奪われてしまうことになります。さらには、それらの偽物が出回ることで真正な権利者の商品・サービスの品質が悪い等ということになりかねません。そのため、真正な権利者のブランドを守ってあげないと、真正な権利者の信用が失われることになりかねないのです。

　そこで、**ブランド名やロゴ等について、真正な権利者に商標権という権利を与え、ブランド名やロゴ等を保護するのが商標法です。**

　商標法は、「商標を保護することにより、商品の使用をする者の業務上の信用の維持を図り、もって産業の発展に寄与し、あわせて需要者の利益を保護すること」を目的としています（商標法第1条）。

▶ 図　商標法の目的

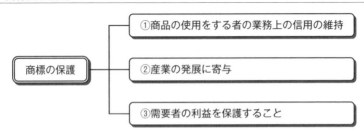

商標の機能

商標には次のような機能があるとされています。

まず、自社の商品・サービスと他社の商品・サービスとを区別する機能です（自他識別機能）。ブランドを築くというのは、経済的な価値である業務上の信用がブランドに蓄積されていくということです。次に、先に述べたように「あの会社の商品だから信用できるな」と感じることがあるとおり、商標を見てどこの商品・サービスなのか（出所表示機能）、どういった品質なのかがわかります（品質保証機能）。そして、ブランドが目に触れることにより、皆に対して広告宣伝するということも期待できます（広告宣伝機能）。このようにして、ブランドに「業務上の信用」が蓄積されていくのです。

商標法と不正競争防止法との違いについて

不正競争防止法も商標法と同じようにブランド名や商品の形態等を保護していますが、違いがあります。不正競争防止法の場合には、「いかなる行為が不正競争となるのか」という観点から法律が制定されていますが、商標法の場合には、「商標を特許庁に登録して独占的な権利を与える」という観点から法律が制定されています。つまり、不正競争防止法では権利として登録されている必要はありませんが、周知性や著名性等の要件を満たさないといけない一方で、商標法では周知性や著名性等の要件は不要ですが、権利として登録していなければならないという違いがあります。

法律的な体系は異なりますが、**ブランド名等が侵害されている状況では、商標法とともに不正競争防止法による主張ができないかを確認する必要があります**（4-1 参照）。

商標登録の手続

では、自社のブランドを守るために商標登録をするには、どのような流れで進むのでしょうか。大まかには、次の図のような流れで行います。

▶ 図　商標登録の流れ

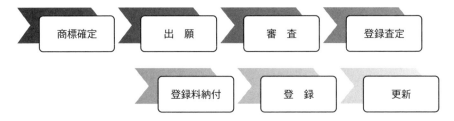

📖 登録する商標を確定しよう

　まず、大前提として、出願する商標を確定しなければなりません。しかし、どんな商標でも登録することができるわけではなく、拒絶事由に該当しないことが必要です。まず何より自社と他社を識別することができることが必要です。そのため、商品が鉛筆の場合に、「鉛筆」等とする普通名称は商標として登録することができません。その他にも、ありふれた名称であったり、国旗等公益的な理由により商標登録ができない場合がありますので、注意が必要です。

　次に、出願しようとする商標が既に登録されていたら、商標登録することができません。そのため、既に商標が取得されていないかどうかを確認する必要があります。独立行政法人工業所有権情報研修館が提供している「特許情報プラットフォーム」を利用することにより、どのような商標が登録されているのかを調査することができます。

・特許情報プラットフォーム
　https://www.j-platpat.inpit.go.jp/web/all/top/BTmTopPage

📖 指定商品・指定役務の選別

　商標が登録されていないことが確認されれば、どの指定商品又は指定役務で出願するかを検討しなければなりません。単に商標だけを登録するわけではないのです。

　指定商品又は指定役務というのは、たとえば「第16類　紙類、文房具類、印刷物」「第35類　飲食料品の小売又は卸売の業務において行われ

る顧客に対する便益の提供」等のようにカテゴリーを指定することです。このような指定商品及び指定役務を指定しないといけません。これらは、特許庁のホームページにある類似商品・役務審査基準を見ると、どのようなカテゴリーがあるかがわかるので確認するとよいでしょう。

・類似商品・役務審査基準〔国際分類第10-2016版対応〕
https://www.jpo.go.jp/shiryou/kijun/kijun2/ruiji_kijun10-2016.htm

　なお、これらは現実に自社で販売している必要はありませんが、3年間使用していない場合に、不使用取消審判という制度があるので、きちんと使用していないと商標登録が取り消されてしまう場合があります。

出願・出願料納付・更新

　このようにして出願する商標と指定商品又は指定役務を確定させれば特許庁に出願することになります。本節末に商標登録願の書式例を掲載したので、参考にしてください。

　出願して審査を経て、登録させることができない事由があれば拒絶査定がされますが、それがない場合には登録査定が出ます。その場合には、登録料を納付すればめでたく商標登録されます。その際、10年分の登録料を納付するか、5年分の登録料を納付するかを選択することができます。

　その後は期限が来るごとに更新するかどうかを決めます。なお、更新の際には特許庁から連絡等はなく、自社で管理する必要がありますので注意が必要です。

商標の適正使用・管理

　商標登録がされた場合には、ちゃんと商標を使用しなければなりません。もちろん、とりあえず商標をとっておくということもありますが、登録した商標を使用しないと、上記のとおり、不使用取消審判によりせっかく登録した商標が取り消されてしまいかねません。そのようなことがないよう、商標はちゃんと使用しないといけません。このとき、商標の一部だ

けを使用したり、商標を少し変更したりすると、登録した商標を使用していないと判断されるおそれがあります。そのため、原則として、登録した商標をそのまま使用するのが望ましいでしょう。

商標権侵害を発見した場合には

　商標権が登録されると、「商標権者は、指定商品又は指定役務について登録商標の使用をする権利を専有する」ことができます（商標法第25条本文）。そして「指定商品若しくは指定役務についての登録商標に類似する商標の使用又は指定商品若しくは指定役務に類似する商品若しくは役務についての登録商標若しくはこれに類似する商標の使用」についても商標権侵害とみなされるので（商標法第37条第1号）、実際には次の表の範囲まで保護されることになります。

　具体的に見てみましょう。たとえば、株式会社翔泳社は、商標「翔泳社」で、指定商品を第16類「印刷物」等で商標登録しています。これを全く関係のない第三者が「翔泳社」という商標を使って、「印刷物」を販売したりしたら、「商標同一・指定商品同一」で商標権侵害になります。これはわかりやすいですね。

　しかし、これが「翔永社」であったらどうでしょうか。サンズイがないですが、似ているかもって思いますよね（ここでは、似ているということにしてください）。その「翔永社」を使って「電子出版物」を販売していたら、「翔泳社」だと思いますよね。これが「商標類似・指定商品類似」で商標権侵害になるということです。

▶ 表　商標が保護される範囲

		指定商品又は指定役務		
		同一	類似	非類似
商標	同一	侵害	侵害	非侵害
	類似	侵害	侵害	非侵害
	非類似	非侵害	非侵害	非侵害

このうち商標が類似しているかどうかの判断について、最高裁は「同一又は類似の商品に使用された**商標が外観、観念、称呼等によって取引者、需要者に与える印象、記憶、連想等を総合して全体的に考察すべきであり、かつ、その商品の取引の実情を明らかにし得る限り、その具体的な取引状況に基づいて判断すべきものである**。右のとおり、商標の外観、観念又は称呼の類似は、その商標を使用した商品につき出所を誤認混同するおそれを推測させる一応の基準にすぎず、したがって、右3点のうち類似する点があるとしても、他の点において著しく相違するか、又は取引の実情等によって、何ら商品の出所を誤認混同するおそれが認められないものについては、これを類似商標と解することはできないというべきである」としています（最判 平成9年3月11日）。

簡単にいうと、その商標を見て（外観）、しゃべってみて（称呼）、どういう意味かを考えてみて（観念）、取引の実情をもあわせて考えて、似ているかどうかを判断しましょうということです。上記の例でいえば、外観は「翔泳社」と「翔永社」で、称呼は「ショーエイシャ」と「ショーエイシャ」で、観念は「泳」と「永」で異なるものの、全体的にみると似ているということになります。なお、観念が類似するというのは、たとえば「リング」と「輪」です。

また、指定商品・役務が類似しているかどうかの判断については、類似商品・役務審査基準に記載されている「類似群コード」に基づき判断されます。

このようにして商標が類似しているか、指定商品・役務が類似しているかを判断して侵害行為を発見した場合には、商標権を侵害している者に対して、「侵害商品を販売するな」とか（差止請求。商標法第36条第1項）、「その侵害商品を廃棄しろ」という請求をすることができます（廃棄請求。商標法第36条第2項）。

また、故意又は過失により商標権を侵害した者に対して損害賠償をすることもできます（民法第709条）。この場合には、損害額の推定の規定が設けられており（商標法第38条各項）、損害の立証をしやすくしています。

▸ 図 【書式例】商標登録願

```
【書類名】　商標登録願
【整理番号】
【提出日】　平成　　年　　月　　日
【あて先】　特許庁長官　殿
【商標登録を受けようとする商標】
【指定商品又は指定役務並びに商品及び役務の区分】
　【第　類】
　【指定商品（指定役務）】
【商標登録出願人】
　【住所又は居所】
　【氏名又は名称】
　【代表者】
【手数料の表示】
　【振替番号】
　【納付金額】
```

4-3 社内用の資料のためでも無断コピーは原則禁止です

著作権

事例 当社では社内の打合せで使うため、書籍の一部をコピーして皆に配布しています。社内での利用に過ぎないですから、著作権侵害にはならないですよね？

また、当社ではクライアントに提出する企画書にインターネット上から取ってきた画像を使用していますが、インターネット上の画像ですから、著作権侵害にはならないですよね？

著作権法上のルールに従って利用しなくてはいけません！

ポイント

- ☑ 社内で利用するからといって市販の書籍をコピーすると著作権侵害になります。
- ☑ インターネットで公開されているコンテンツも著作権がありますので、それを無断でコピーすると著作権侵害になります。
- ☑ 社内において著作権法に関して研修をする等して、著作権について理解を深めておく必要があります。

📖 インターネットの発展と著作権法

　昨今のインターネットの発展による情報化社会の進展には目覚ましいものがあります。デジタル化社会では、情報発信が容易で、コンテンツの複製も簡単に行うことができます。他方で、匿名性が高く、誰が情報発信しているのかがわからない、違法な媒体が多くみられる等の問題も指摘されているところです。

　このような中、著作権法が映画や音楽等の権利の保護に当たっていますが、社会の進展の現実にあまりついていけていないといえます。

　ここでは、著作権に関する基本的な理解を確認していきたいと思います。

📖 著作物と著作権の関係について

　著作物とは、「思想又は感情を創作的に表現したものであって、文芸、学術、美術又は音楽の範囲に属するもの」をいいます（著作権法第2条第1項第1号）。難しく書いてありますが、簡単にいえば、小説、音楽、絵画、写真、プログラム等のことです（著作権法第10条第1項参照）。ごくごくありふれた表現に過ぎないものは著作物とはいえませんが、たとえば子どもが書いたお絵かきも著作物となります。そのため、あまり難しく考える必要はないでしょう。

📖 著作権とは

　著作権は、著作物を創作すると何らの手続を経ることなく発生するとされています（無方式主義。著作権法第17条第2項）。そして、「著作権」というのは、「表　著作物の利用行為の内容」に示す複製権、上演権、公衆送信権、頒布権等の権利（これらを支分権といいます）の束として認められています。これら支分権は、たとえば、第三者が無断で「複製」することを禁止することができるというような効力があり、無断で「複製」すると、複製権侵害になります。どのような利用行為が著作権（支分権）を侵害するのかということを把握しておくことが重要です。

▶ 表　著作物の利用行為の内容

複製	印刷、写真、複写、録音、録画（著作権法第2条第1項第15号）
上演	演奏（歌唱を含む）以外の方法により著作物を演ずること
演奏	音楽の著作物を演ずること
上映	著作物を映写幕その他の物に映写すること
公衆送信	公衆によって直接受信されることを目的として無線通信又は有線電気通信の送信行うこと（厳密にはもっと複雑です。著作権法第2条第1項第7号の2）
口述	朗読その他の方法により著作物を口頭で伝達すること
展示	美術の著作物又は未発行の写真の著作物の原作により公に展示すること
頒布	有償・無償を問わず、複製物を公衆に譲渡し、又は貸与すること（なお、頒布権は映画の著作物についてだけ認められています）
譲渡	映画の著作物以外の著作物をその原作品又は複製物の譲渡により公衆に提供すること
貸与	映画の著作物以外の著作物をその複製物の貸与により公衆に提供すること
翻案	翻訳、編曲、変形、脚色、映画化その他翻案すること

著作権の制限 〜私的使用のための複製と引用〜

　このような著作権も無制限に認められるわけではなく、つまり、我々のような著作権者でない者であっても自由に著作物を利用することができる場合があります。

　まず、**私的使用のための複製**が認められています。著作物は「個人的に又は家庭内その他これに準ずる限られた範囲内において使用することを目的とするとき」は複製することができるとされています（著作権法第30条）。たとえば、家庭内でテレビドラマをダビングするような場合です。

　では、会社内での使用はどうでしょうか？　会社内であっても、インターネット上のコンテンツ（著作物）を勉強のためにコピーして使用するというのは「個人的」な使用ということもできるのではないでしょうか。しかし、会社内の打合せで使用するというのは、「個人的」でも「家庭内」でもないですし、これらに準ずるともいえないと考えられます。会社内の使用でも少しくらいなら許されるのではないかと思わなくもないですが、本節の冒頭の事例にある**「当社では社内の打合せで使うため、書籍の一部をコピーして皆に配布しています」というのは、複製権侵害になるといわ**

ざるを得ないでしょう。

　また、インターネット上に溢れている画像データ等は誰の許可を得ることなく利用できると考えがちですが、（著作権フリー等でない限り）当然、著作権法のルールに従って利用しなければなりません。企画書等で他社のホームページ上の画像や文章等を使って比較したり、参考にしたりすることもあるかと思います。このような場合には、「引用」による利用が考えられます。

　つまり、**公表された著作物は引用して利用することができるとされており、その引用は、公正な慣行に合致するものであり、かつ、報道、批評、研究その他の引用の目的上正当な範囲内で行なわれるものでなければならないとされています（著作権法第32条第1項）**。「引用」であるためには、具体的には、**引用した箇所がわかるようになっており（明瞭区別性）、かつ引用した箇所が少し（主従関係性）であれば「引用」となり適法**となります。本節の冒頭の事例でも、批評ないし比較のため等の正当な目的があれば適法となり得るでしょう。引用をする場合には、「図　引用の例」のような形で引用することになります。

　インターネットが発達した現代社会では、誰でも情報にアクセスすることができ、しかも誰でもコピーすることができ、誰でも著作権侵害をし得る立場にあります。もちろん、このような事態は企業内でも生じ得ます。そのため、著作権法に関する基礎的な知識については、従業員も知っておく必要があるでしょう。

▶ 図　引用の例

```
（本文）
　「・・・・・・・・・・・・・（引用部分）・・・・・・・・・・・・。」
　　　　　　　　　　　　　　　　　　　（出典：●●●・●頁）
（本文）
```

第 5 章

消費者とのトラブルを回避するための法律知識

〜 消費者契約法・景品表示法・特定商取引法等 〜

5-1 事業者の一方的な契約は無効になることがあります

事例 当社は、当社サービスの利用規約をホームページ上で公開しています。当社サービスを利用する際には当社利用規約に同意してもらうことになっています。当社利用規約は他社利用規約を参考にしつつ、当社にとって有利になるように修正したものです。

先日、当社サービスを利用したお客様から当社サービスの不具合を指摘されたのですが、当社利用規約に則って対応を拒否したところ、そのお客様は当社利用規約が無効であると主張しているのです。当社利用規約に同意しているにもかかわらず、当社利用規約が無効になることなんてあるのでしょうか？

ポイント

- ☑ 事業者が消費者と締結する契約には消費者契約法が適用されます。
- ☑ 事業者が消費者と契約を締結する際に、消費者が誤認した場合等には契約が取り消されてしまうおそれがあります。
- ☑ 事業者が消費者と締結した契約の内容が、事業者に一方的に有利な場合には、契約の当該箇所が無効と判断されるおそれがあります。

消費者契約法が制定された背景とその目的

　企業は、毎日、事業者同士または消費者を相手に多くの取引をしています。その中でも消費者を相手に取引をするとなると、大量かつ定型的な契約になることが通常です。その際、その商品やサービスについて一番情報をもっているのは事業者であり、消費者と事業者との間には、情報の質及び量に格差が生じることになります。また、企業としては、自らが提示した契約条件に消費者が応じないのであれば取引に応じないということも可能であり、消費者と事業者との間には交渉力の格差もあります。

　このような状況では、消費者にとって不利益となり、消費生活がトラブル続きとなりかねません。

　これらの**格差を是正し、消費者の利益の擁護を図るため（消費者契約法第1条）、消費者契約法が制定されています**。企業は、事業者として、消費者契約法を踏まえたうえで契約を締結することを検討しなければなりません。

消費者契約法が適用される範囲には注意が必要です

　消費者契約法は上記のような目的の下に制定されていますので、「消費者と事業者との間で締結される契約」（消費者契約）に適用されます（消費者契約法第2条第3項）。

　ここでの「消費者」や「事業者」というのは、常識的な意味での「消費者」や「事業者」を想像していただければよいのですが、具体的には、次のような者をいいます。

・消費者：事業として又は事業のために契約の当事者となる場合におけるものを除く個人（消費者契約法第2条第1項）
・事業者：法人その他の団体及び事業者として又は事業のために契約の当事者となる場合における個人（消費者契約法第2条第2項）

この定義からすると、たとえば、個人が保有するマンションを反復継続して賃貸するようなケースではその個人は「事業者」となり、その個人が貸主となって締結する契約は、「消費者契約」になり得るので注意が必要です（大阪高判 平成16年12月17日）。

消費者には救済方法が用意されています

消費者契約でトラブルが生じた場合、消費者契約法は、消費者に次のような救済方法を認めています。

①消費者契約の取消し：事業者の一定の行為により消費者が誤認し、又は困惑した場合等について契約を取り消すことができること
②契約条項の無効：事業者の損害賠償の責任を免除する条項その他の消費者の利益を不当に害することとなる条項の全部又は一部を無効とすること

このように、ビジネスを行う事業者としては、契約を取り消されたり、契約の条項が無効にされたりするリスクを負います。**事業者としては、消費者契約が取り消されるような行為や無効となるような契約条項としないよう、注意しなければなりません。**

「消費者契約の取消し」の具体例

上記のとおり、消費者は、事業者が消費者を誤認させ又は困惑させた場合等には、消費者契約を取り消すことができるとされています（消費者契約法第4条）。

たとえば、事業者が取引条件について嘘をいったり（消費者契約法第4条第1項第1号。不実告知）、確実に儲かる等といったり（消費者契約法第4条第1項第2号。断定的判断の提供）、都合のよいことだけ話し、

都合の悪いことは話さなかったり（消費者契約法第4条第2項。不利益事実の不告知）すると、消費者は誤解してしまうおそれがあります。このような場合には、消費者から消費者契約を取り消される可能性があります。

また、消費者から「帰ってくれ」といわれたのに帰らなかったり（消費者契約法第4条第3項第1号。不退去）、または消費者が「帰りたい」といったのに帰らせなかったりする（消費者契約法第4条第3項第2号。退去妨害）と、消費者は困ってしまいます。このような場合には、消費者から消費者契約を取り消される可能性があります。

事業者としては、少し強引な手法で消費者に営業してしまうこともあるかもしれません。しかし、このような営業行為をしてしまうと、契約が取り消されてしまうおそれがあります。また、消費者に対して不適切な営業を行う企業であると思われ、企業に対する評判（レピュテーション）にとっても問題があるといえるでしょう。

また、平成28年改正法では、高齢者の判断能力の低下等につけ込んで大量に商品を購入させるような契約等も、取消しの対象とされました（改正後消費者契約法第4条第4項）。

したがって、**企業としては、従業員に対して消費者契約法に抵触するような営業行為をしないように研修の機会を設けておく等、十分な対策が必要である**といえるでしょう。

「契約条項が無効となる場合」の具体例

本来、当事者同士は対等であり、契約内容を自由に決めることができるのが原則です（契約自由の原則）。しかし、上記で説明したとおり、事業者と消費者との間には、情報力や交渉力に格差があるため、事業者が、消費者の利益を一方的に害するような条項を含む契約を締結することも可能となります。しかし、それでは消費者の利益がないがしろにされてしまうおそれがあります。そこで、消費者契約法は、消費者にとって一方的に不利益となるような条項は無効としています。次の①〜④が消費者契約法に定められています。

> ①事業者の損害賠償の責任(債務不履行責任・不法行為責任・瑕疵担保責任)の全部又は一部を免除する条項(消費者契約法第8条)

　①は、たとえば、利用規約等において「当社は、いかなる事由があっても、一切責任を負いません」等と規定することです。

> ②消費者が支払う損害賠償の額として事業者に生ずべき平均的な損害を超える条項(消費者契約法第9条)

　②は、たとえば、「キャンセルした場合には、500万円をお支払頂きます」等と定めておき、その「500万円」が消費者にとって不当な金銭的な負担となるような場合です。

> ③消費者の解除権を放棄させる条項(改正後消費者契約法第8条の2)

　③は、平成28年改正で新たに制定された項目です。「この利用規約に同意した者は、本契約を解除及び解約することができないものとします」等と規定することです。

> ④消費者の不作為をもって当該消費者が新たな消費者契約の申込み又はその承諾の意思表示をしたものとみなす条項その他の法令中の公の秩序に関しない規定の適用による場合に比して、消費者の権利を制限し又は消費者の義務を加重する消費者契約の条項であって、民法第一条第二項に規定する基本原則に反して消費者の利益を一方的に害する条項(改正後消費者契約法第10条)

④は、「消費者の利益を一方的に害する条項」を無効にする一般的な規定です。平成 28 年改正により、「消費者の不作為をもって当該消費者が新たな消費者契約の申込み又はその承諾の意思表示をしたものとみなす条項」が例示として定められました。これは例示として追加されただけで、広く企業実務で利用されている定期購読等のサービスについて、これまで消費者契約法第 10 条に該当しなかった条項については、改正後も同条には該当しないと考えられています（国会会議録政府参考人発言）。

　なお、一部の条項が無効とされたからといって、直ちに契約全体が無効になるわけではありません。

　事業者としては、普段から契約内容について不当な条項とならないように注意しておく必要があります。

適格消費者団体による差止請求のリスクについて

　以上のような、消費者を誤認させるような不当勧誘行為をしていたり、無効な契約条項を使用していたりするような場合には、適格消費者団体から差止請求を起こされるというリスクもあります。

　適格消費者団体とは、「不特定かつ多数の消費者の利益のために消費者契約法上の差止請求権を行使するのに必要な適格性を有する法人である消費者団体（中略）として第 13 条の定めるところにより内閣総理大臣の認定を受けた者」（消費者契約法第 2 条第 4 項）をいいます。この適格消費者団体は、消費者のために、事業者による不当勧誘行為をやめさせたり、無効な契約条項の使用をやめさせたりするように、差止請求権を行使することができます（消費者契約法第 12 条）。

5-2 大げさなセールストークは禁止されています

事例 営業の際の商品説明において、他社との比較はしていないものの、「他社よりもうちの商品がよい」等と説明してしまいました。チラシやパンフレット等には記載していないですし、セールストークですから少しくらい大げさに話してしまっても大丈夫でしょうか？

ポイント

☑ 商品・サービスの品質、内容について、一般消費者に対し、実際のものよりも著しく優良であると示したり、事実に相違して競合他社よりも著しく優良であると示したりする表示（優良誤認表示）は禁止されています。

☑ 商品・サービスの価格その他の取引条件（数量、アフターサービス、保証期間、支払条件等）について、実際のもの又は競合他社よりも取引の相手方に著しく有利であると一般消費者に誤認される表示（有利誤認表示）は禁止されています。

☑ 違反行為に対しては措置命令がされ、また課徴金の対象にもなり得ます。

📖 広告は景品表示法により規制されています

　事業者としては、自社の商品やサービスの質等について、少しでもよく見せたいものです。競合他社よりも優れていることをアピールしたいのも当然です。しかし、実際には違うのに「クオリティがよい」等と広告してしまうと、景品表示法上の問題が生じます。景品表示法は、消費者の利益を保護するため、事業者の広告に関して一定の規制をしようという法律です。

▶ 図　景品表示法の概要

```
                    景品表示法の目的
                   一般消費者の利益の保護
                          ↓
┌─────────────────────────────────────────────────┐
│ 消費者庁ほか    │  不当な顧客誘引の禁止           │
│                                                  │
│   ┌─────────────────┐  ┌───────────────────────┐ │
│   │   不当表示の禁止 │  │  景品類の制限及び禁止  │ │
│   │ ●優良誤認表示の │  │ ●一般懸賞による景品類 │ │
│   │   禁止          │  │   の提供制限          │ │
│   │ ●有利誤認表示の │  │   （最高額・総額）    │ │
│   │   禁止          │  │ ●共同懸賞による景品類 │ │
│   │ ●その他　誤認さ │  │   の提供制限          │ │
│   │   れるおそれがあ │  │   （最高額・総額）    │ │
│   │   る表示の禁止   │  │ ●総付景品の提供制限   │ │
│   │                 │  │   （最高額）          │ │
│   └─────────────────┘  └───────────────────────┘ │
│                                                  │
│ 事業者       │ 事業者が講ずべき景品類の提供       │
│              │ 及び表示の管理上の措置             │
│                                                  │
│ ●景品表示法の考え方の周知・啓発                  │
│ ●法令遵守の方針等の明確化                        │
│ ●表示等に関する情報の確認                        │
│ ●表示等に関する情報の共有                        │
│ ●表示等を管理するための担当者等（表示等管理      │
│   担当者）を定めること                           │
│ ●表示等の根拠となる情報を事後的に確認するため    │
│   に必要な措置を採ること                         │
│ ●不当な表示等が明らかになった場合における迅速    │
│   かつ適切な対応                                 │
│                                                  │
│ 事業者・事業者団体 │ 公正競争規約                 │
└─────────────────────────────────────────────────┘
                          ↓
                ╭─────────────────────╮
                │ 自主的かつ合理的に、 │
                │ 良い商品・サービスを選べます。│
                ╰─────────────────────╯
```

出所）消費者庁ホームページ：「景品表示法とは」

📖 不当表示の禁止の具体例

　景品表示法は、消費者を保護するために不当な表示を禁止しています。景品表示法に違反する不当表示については、事業者に故意・過失がなかったとしても、景品表示法に基づく措置命令が行われることになります。
　不当表示には、次の3つの類型があります。

　＜不当表示の類型＞
　①優良誤認表示
　②有利誤認表示
　③その他誤認されるおそれのある表示

　「表示」とは、チラシ、パンフレット、容器、インターネット上の広告だけではなく、「口頭による広告」、つまり、セールストークも含まれるので注意が必要です。

📖 優良誤認表示（景品表示法第5条第1号）

　不当表示の第一類型は、優良誤認表示です。優良誤認表示とは、商品・サービスの品質、内容について、一般消費者に対し、実際のものよりも著しく優良であると示したり、事実に相違して競合他社よりも著しく優良であると示したりする表示のことをいいます。**要するに、よいものだと思わせておいて、実際にはそうではないということです。**
　具体的には、本当は国産有名ブランド牛ではない国産牛肉であるにもかかわらず、あたかも国産有名ブランド牛の肉であるかのように表示したり（「実際のものよりも著しく優良であると示」しているということ）、本当は他社も同じ技術を使用しているにもかかわらず、この技術を使用しているのは当社の商品だけ等と表示したりすること（「事実に相違して競合他社よりも著しく優良であると示」しているということ）です。
　あとで説明する措置命令・課徴金納付命令に関し、事業者が行った表示が優良誤認表示に該当するか否かを判断するために、消費者庁が必要であ

ると認めるときは、期間を定めて、当該表示の裏付けとなる合理的な根拠を示す資料の提出を求められることがあります（景品表示法第7条第2項、第8条第3項）。この場合、当該事業者が当該資料を提出しないときは、当該表示は優良誤認表示とみなされるか（景品表示法第7条第2項）、推定されてしまいます（景品表示法第8条第3項）。

事業者としては、このような提出を求められたときに備えて、開発段階から資料をそろえておき、表示の裏付けとなる根拠資料を保管しておかなければなりません。

有利誤認表示（景品表示法第5条第2号）

不当表示の第二類型は、有利誤認表示です。有利誤認表示とは、商品・サービスの価格その他の取引条件（数量、アフターサービス、保証期間、支払条件等）について、実際のもの又は競合他社よりも取引の相手方に著しく有利であると一般消費者に誤認される表示のことをいいます。**要するに、お得だと思わせておいて、実はそうではなかったという表示のことです。**

具体的には、通常価格6万円、セール5万円と表示していながら、6万円で販売したこと等はなく、常に5万円でしか販売したことがないような場合です。

▶ 図　有利誤認表示の例

その他誤認されるおそれのある表示（景品表示法第5条第3号）

不当表示の第三類型は、商品・サービスの品質について一般消費者に誤認される表示（優良誤認表示）や価格その他の取引条件について一般消費者に誤認される表示（有利誤認表示）をすることのほか、商品・サービスの取引に関する事項について一般消費者に誤認されるおそれがある表示で

す。「商品・サービスの取引に関する事項」ですので、品質や価格その他の取引条件も含みますが、これらを含んで規制の対象としています。

　この類型の不当表示については、景品表示法に基づき6つの告示（一定の事項を国民に周知すること）が定められていますが、次のような告示があるのだなと頭の隅に置いていてもらえれば十分です。

　①無果汁の清涼飲料水等についての表示
　②商品の原産国に関する不当な表示
　③消費者信用の融資運用に関する不当な表示
　④不動産のおとり広告に関する表示
　⑤おとり広告に関する表示
　⑥有料老人ホームに関する不当な表示

違反行為には罰則があります。

　景品表示法上の表示規制に違反すると、措置命令や課徴金の対象となることがあります。以下では、措置命令や課徴金制度について確認しておきます。

措置命令

　景品表示法上の表示規制に違反している場合、消費者庁から、その行為をやめる、必要な措置を講じる等の命令がされることがあります（措置命令。景品表示法第7条第1項）。

　必要な措置とは、たとえば、再発防止策を策定したり、一般消費者に対して不当表示が行われていたことについて新聞広告等を行って周知徹底したりすること等です。この措置命令を行うために、消費者庁から報告を求められたり、帳簿書類等の提出を求められたり、事業所への立入を求められたり、質問を受けたりすることがあります（景品表示法第29条第1項）。

　これに対して、虚偽報告をしたり、質問に答えなかったりすると、1年以下の懲役又は300万円以下の罰金に処せられることがあります（景品

表示法第 37 条）。

課徴金制度

　違反行為を防止するため、平成 26 年改正により、課徴金制度が導入されました。**課徴金制度**とは、課徴金対象行為に関する商品・サービスの売上高の 3 ％に相当する額の課徴金の納付を命じるものです（景品表示法第 8 条第 1 項本文）。課徴金制度の対象となるのは、優良誤認表示と有利誤認表示だけで（景品表示法第 8 条第 1 項）、「その他誤認されるおそれのある表示」については除外されています。

　また、課徴金対象行為の自主申告により課徴金の額が減額されたり（景品表示法第 9 条）、消費者に対し自主的に返金したりすることにより、課徴金の額が減額されたり等もします（景品表示法第 10 条）。

5-3 通信販売の広告に表示する項目を守りましょう

特定商取引法

事例 インターネットで商品を販売する場合、「特定商取引法に基づく表記」をしなければならないと聞きました。そもそも、特定商取引法とはどのような法律なのでしょうか。

- ☑ インターネットで商品を販売する場合、特定商取引法上の「通信販売」に該当するため、特定商取引法上の表示規制に従わなければならないのが原則です。
- ☑ インターネットで商品を販売するには「特定商取引法に基づく表記」をしなければなりません。
- ☑ 特定商取引法に違反した場合には、行政処分、業務停止命令、罰則を受けるおそれがあります。

📖 特定商取引法は特殊な販売形態を規制しています

　以前は、販売の形態といえば、店頭で商品を売ったり、サービスを提供したりするという基本的なものしかありませんでした。しかし、訪問販売、通信販売、マルチ商法等の特殊な形態による販売が行われるようになり、それに伴い、事業者と消費者との間のトラブルが生じるようになってしまいました。そこで、これら消費者とのトラブルが生じやすい類型の販売形態等について、事業者に一定の義務を負わせ、取引を公正なものとし、消費者被害の防止を図ることを目的として、特定商取引法が制定されています。

　特定商取引法の規制対象となる取引類型は、次のとおりです。

　＜特定商取引の類型＞
　①訪問販売
　②通信販売
　③電話勧誘販売に係る取引
　④連鎖販売取引
　⑤特定継続的役務提供に係る取引
　⑥業務提供誘引販売取引
　⑦訪問購入に係る取引

　このうち、本節では「通信販売」について詳述します。

📖 通信販売の特徴と広告の規制について

　「通信販売」とは、販売業者等が郵便等により売買契約又は役務提供契約の申込みを受けて行う商品若しくは指定権利の販売又は役務の提供のことをいいます（電話勧誘販売に該当するものを除きます。特定商取引法第2条第2項、特定商取引法施行規則第2条各号参照）。**インターネット上の広告等を見た消費者が、インターネット等で商品を買ったりするという**

取引方法は、この通信販売に該当します。

　通信販売は、事業者と消費者が目の前で商品やサービスのやり取りをせず、インターネット上等で取引が完結するという販売形態です。そのため、消費者にとっては、インターネット上でのやり取りの中で情報を収集するしかなくなってしまい、これらの情報提供に不備があると、消費者が思わぬ被害を被りかねません。そのため、広告に関する規制を中心として事業者は規制されています。

　＜通信販売業者等に対する規制の概要＞
　①広告の表示（積極的広告規制。特定商取引法第11条）
　②誇大広告等の禁止（特定商取引法第12条）
　③未承諾者に対する電子メール広告の提供の禁止（特定商取引法第12条の3、同第12条の4）
　④未承諾者に対するファクシミリ広告の提供の禁止（改正特定商取引法第12条の5）
　⑤前払式通信販売の承諾等の通知（特定商取引法第13条）
　⑥契約解除に伴う債務不履行の禁止（特定商取引法第14条）
　⑦顧客の意に反して契約の申込みをさせようとする行為の禁止（特定商取引法第14条）

▶ 図　通信販売ではインターネット上の情報がすべて

📖 積極的広告規制・特定商取引法に基づく表記

　特定商取引法は、通信販売業者等に対して、一定事項を広告に表記することを求めています（特定商取引法第11条）。「特定商取引法に基づく表記」というのは、この規制のことです。

　広告を表示するにあたっての具体的な記載事項は、次の【特定商取引法に基づく表記（例）】に示したとおりです（ただし、広告の表示事項を省略できる場合があり、ここにあげる表記は一例にすぎません）。この例は、アプリの販売を想定しています。

【特定商取引法に基づく表記（例）】

```
■ 販 売 業 者 名　○○株式会社
■ 代　表　者　　××　××
■ 所　在　地　　東京都新宿区△△△△
■ 電　話　番　号　03-XXXX-XXXX
■ 販　売　価　格　商品等の購入ページに表示されます。
■ 販売価格以外に必要な費用
　　　　　　　　通信時に発生するパケット通信料はお客様のご負担
　　　　　　　　となります。
■ 支払時期・支払方法
　　　　　　　　ご利用端末によりお支払いの時期及び方法が異なり
　　　　　　　　ます。
■ 引　渡　時　期　購入確定後、直ちにご利用いただけます。
■ 動　作　環　境　各アプリの公式サイトにてご確認ください。
■ 返品について　　デジタルコンテンツの特性上、購入確定後の返品に
　　　　　　　　は応じられません。
```

　また、ホームページ等で「特定商取引法に基づく表記」を記載する場合には、すべての記載事項を確認するのに、画面をスクロールしたり、画面を切り替えたりしないようにすむのが望ましいとされています（経済産業省：「電子商取引及び情報材取引等に関する準則」参照）。

誇大広告等の禁止

通信販売業者等は、通信販売をする場合の商品やサービスの販売条件について広告をするときは、当該商品・サービスの性能・内容等について、「著しく事実に相違する表示」をしたり、「実際のものよりも著しく優良であり、若しくは有利であると人を誤認させるような表示」をしてはならないとされています（特定商取引法第12条）。

未承諾者に対する電子メール広告の提供の禁止

事業者は、原則として、通信販売をする場合において、商品やサービスの販売条件について、相手方となる者の承諾なく電子メール広告を送信することが禁止されています（いわゆるオプトイン。特定商取引法第12条の3、同第12条の4）。

未承諾者に対するファクシミリ広告の提供の禁止

事業者は、原則として、通信販売をする場合において、商品やサービスの販売条件について、相手方となる者の承諾なくファクシミリ広告を提供することが禁止されます（改正特定商取引法第12条の5）。

前払式通信販売の承諾等の通知

事業者は、契約の申込みをした者から、商品の引渡しやサービスの提供に先立って代金の全部又は一部を受領する場合には、その後すぐに商品やサービスを提供する場合を除き、その申込みを受けるか否か等を郵便等により通知しなければならないとされています（特定商取引法第13条）。

📖 契約解除に伴う債務不履行の禁止

　事業者は、通信販売に基づく債務や契約が解除されたことによる債務の全部又は一部の履行を拒否したり、不当に遅延させることはできません（特定商取引法第14条第1項第1号）。

📖 顧客の意に反して申込みをさせる行為の禁止

　事業者は、顧客の意に反して通信販売に係る契約の申込みをさせたりすることはできません（特定商取引法第14条第1項第2号）。

　具体的には、**インターネット販売であれば、あるボタンをクリックすれば有料の契約の申込みになることを消費者が容易に認識できるように表示していないような場合です**（1-4も参照）。

📖 行政処分・業務停止命令・罰則

　これら積極的広告規制や誇大広告等の禁止に違反した場合には、主務大臣による指示（特定商取引法第14条）や業務停止命令（特定商取引法第15条）の対象となり得ます。

　また、積極的広告規制違反では直接の罰則規定はないものの、上記の指示に違反した場合には、6月以下の懲役又は100万円以下の罰金となり（改正特定商取引法第71条）、業務停止命令に違反した場合には、3年以下の懲役又は300万円の罰金になります（改正特定商取引法第70条。懲役と罰金の両方が科せられることもあります）。さらに誇大広告等の禁止違反により、直接100万円以下の罰金等になる場合があります（改正特定商取引法第72条第1号）。

5-4 クレームと不当要求は区別し、適切に対応しましょう　モンスタークレーマー

事例

最近、当社の商品に対して言いがかりともいえることをいいつけて、商品の返品を求めたり、商品の交換を何度も求めてきたりするお客様がいます。お客様なので丁寧に対応しているのですが、すべてに対応することはできません。
このようなお客様にどのように対応したらよいでしょうか？

 ポイント

- ☑ クレームと不当要求は明確に区別しなければなりません。
- ☑ 対応の第一歩は事実関係の確認をしっかりと行うことです。
- ☑ 事実関係の確認をした場合には、その確認した結果を記録化しておくことが重要です。
- ☑ 事実関係の確認が終わっていないときに、お客様に対して何らかの約束をすることは避けなければなりません。
- ☑ クレームに対しては真摯に対応し、不当要求に対しては毅然と対応しなければなりません。

📖 モンスタークレーマーとは

　最近では、インターネットを通じて、誰でも商品やサービスについての情報発信をすることができるようになっています。そして、その発信された情報を誰でも見ることができるようになっています。インターネットで検索して、口コミを確認してから、商品やサービスを購入するというのが多くなってきたのではないでしょうか。

　このような**口コミ等の「お客様の声」（クレーム）というのは経営上重要な資源になります**。つまり、お客様が抱える不満、不便さ等を吸い上げることができれば、商品やサービスを改善できる機会となります。そのため、このような「お客様の声」（クレーム）を尊重するのは現代社会において重要といえるでしょう。

　しかし、このような「お客様の声」を超えて、商品やサービスに対して身勝手な要求をいったり、理不尽な要求をしたりする者もいます。これが、モンスタークレーマーといわれるもので、モンスターペアレントやモンスターペイシェントと並んで社会問題となっています。

📖 クレームと不当要求は異なります

　商品やサービスに対して意見、不満があるということは、自社の商品やサービスをよりよくするためのよい機会でもあるといえます。このようなお客様の声である「クレーム」を聞き流してはいけませんし、「クレーム」に対しては真摯に対応しなければなりません。

　これに対して、**モンスタークレーマーによる「不当要求」には毅然と対応しなければなりません**。「クレーム」と「不当要求」は明確に区別しなければならないのです。

　では、「クレーム」と「不当要求」とをどのように区別したらよいのでしょうか？

📖 重要なのは事実関係の確認、ヒアリングの記録化

　まずは、お客様が何をいっているのかを真摯に聞くことが大切です。事実関係をしっかりとヒアリングする必要があるのです。**事実関係を確認する際には、いつ、どこで、誰が、何を、なぜ、どのように、いくら、どのくらいという 5W1H を意識して、事実関係を確認するのが肝要です。**

　このとき、お客様が事実関係だけでなく、意見や要求をいってくることもありますが、事実と意見・要求は、区別してヒアリングしなければなりません。事実関係を確認する際には、商品であれば現物があるはずですので、その現物を確認して、お客様がいっていることと一致するかどうかについて確認するということも大切です。

　また、この段階では、(こちら側に明白な落ち度があるのであれば別ですが) お客様に対して何かしらの約束をするのは避けなければなりません。

　そして、ヒアリングをした際には、その結果を記録化しておくのが重要です。主な記録化の方法としては、ヒアリングメモを残す、録音する等の方法が考えられます。

📖 事実関係をもとに対応の方向性を決定します

　このようにして事実関係を確認することができれば、お客様への対応の方向性を決めることができます。すなわち、ヒアリングした事実関係に基づけば、自社に不手際があったのか、それとも何ら不手際がなかったのかが判断できるでしょう。

　そして、ヒアリングした事実関係をもとに法的責任があるかどうか、法的責任がある場合にいくらの損害がお客様に生じているのか、自社として賠償できる額はいくらかを確認します。この法的確認の際には、自社が製品やサービスの内容として提示 (契約や約款、規約等) しているものときちんと照らしあわせる必要があります。

　さらに、自社に不手際があったのであれば、状況に応じて、謝罪をする、説明を行う等、真摯に対応しなければなりません。

このようなクレームが生じたことをきっかけとして、社内で共有し、再発防止策を講じることにより、商品・サービスの改善をしていくことが重要になります。

不当要求（モンスタークレーマー）への対応について

これに対して、**事実関係を確認した結果、自社に不手際がなく、不当要求であることが確認された場合には、毅然と対応しなければなりません。**

まず、できないことはできないと明確に伝える必要があります。この点は、担当者によって対応がバラバラではいけないので、社内において不当要求に対する方針を共有し、その方針を一貫して貫くことになります。相手はなかなか引き下がらないかもしれませんが、根気よく自社の立場を説明せざるを得ないでしょう。

不当要求を続ける場合は法的な手段を

それにもかかわらず、不当要求を続ける場合には、法的な手段を講じることも考えられます。

多くの場合、刑事事件化することは難しいですが、業務時間中に長時間にわたって威圧的な態度で大声を出したりして業務を妨害するようなケースでは、威力業務妨害罪（刑法第234条）を主張することが考えられます。また、昨今では、インターネット上において、事実とは異なる記載をして、自社の評判を下げられてしまうというおそれもあります。このような場合には、信用毀損（刑法第233条）、名誉毀損（刑法第230条）で対応することも考えられます。

5-5 中小企業にも個人情報保護法は関係しています

個人情報保護法は個人データが 5,000 人分を超えないような中小企業には関係がないということを聞いたことがありますが、平成 27 年に個人情報保護法が改正され、我々中小企業も無関係ではなくなったようです。また、新たな商品やサービスの開発のために個人情報が役立つとも聞いています。
個人情報保護法の概要を教えてください。

ポイント

- ☑ 個人情報保護法が平成 27 年に改正され、小規模事業者にも適用されることとなりました。改正法は平成 27 年 9 月から 2 年以内に施行されます。
- ☑ 「個人情報」「個人データ」「保有個人データ」ごとに遵守すべき義務が定められています。
- ☑ 個人情報から個人を識別することができないようにした「匿名加工情報」についても、平成 27 年改正により一定のルールが定められることになりました。

個人情報保護を取り巻く現状と個人情報保護の概要

　平成 26 年に、教育事業を手掛ける上場企業において、最大数千万件の個人情報が流出した事件が起きたことは記憶に新しいと思います。事件後、その上場企業では顧客離れが生じ、赤字に転落してしまう等、経営に対する打撃も大変なものでした。このように、個人情報はひとたび流出してしまうと、その企業の信用性が問われることになるのです。

　従来、小規模事業者の特例が認められていましたが、**平成 27 年の個人情報保護法の改正ではその特例が見直され、ほぼすべての民間事業者が個人情報保護法にいう「個人情報取扱事業者」となりました**。つまり、中小企業であっても他人事ではなくなっているのです。他方で、情報化社会が進展するに伴い、個人情報が新サービスの創出に大きく役立っており、その有用性も非常に注目されています。

　本節では、このような個人情報保護に関して、押さえておくべきポイントを見ていきたいと思います。

個人情報保護法の目的

　個人情報保護法は、高度情報通信社会が進展し個人情報の利用が著しく拡大していることに鑑み、「個人情報の適正かつ効果的な活用が新たな産業の創出並びに活力ある経済社会及び豊かな国民生活の実現に資するものであることその他の個人情報の有用性に配慮しつつ、個人の権利利益を保護する」ことを目的としています（個人情報保護法第 1 条）。

個人情報取扱事業者

　これまでは、過去 6 か月以内に 5,000 人分を超える個人データを取り扱ったことのない小規模事業者は個人情報取扱事業者から除外されていましたが、インターネットの急速な普及等により、取り扱う個人情報に係る個人の数が少なくても個人の権利利益を侵害する危険性が高まっています。そのため、5,000 人分以下の個人情報を取り扱う事業者についても、平成 27 年改正により、新たに個人情報保護法が適用されることとされま

した。したがって、**民間事業者のほぼすべてが個人情報取扱事業者となると考えられます**。なお、改正法は平成 27 年 9 月に成立しており、成立から 2 年以内に施行されます。

個人情報・個人データ・保有個人データとは

　個人情報保護法では、保護される情報を「個人情報」「個人データ」「保有個人データ」の 3 つに分けています。そして、この 3 つの類型ごとに守らなければならない義務が定められています。

　その前提となる「個人情報」「個人データ」「保有個人データ」について確認しましょう。

　「個人情報」とは、生存する個人に関する情報で、①当該情報に含まれる氏名、生年月日その他の記述等により特定の個人を識別することができるもの（他の情報と容易に照合することができ、それにより特定の個人を識別することができることとなるものを含みます）か、②個人識別符号が含まれるもののいずれかをいいます。①については、要は、氏名、生年月日等であり、②については指紋認識データ・顔認識データや旅券番号・免許証番号、マイナンバー等です。

　「個人データ」とは、電子データベースや名簿等のような個人情報を体系化していたり、容易に検索できるようにした個人情報データベース等を構成する個人情報をいいます。

　「保有個人データ」とは、個人データのうち、開示、訂正、消去等の権限を有し、かつ 6 か月を超えて保有することとなるものをいいます。

個人情報取扱事業者が遵守すべき義務とは

　上記の「個人情報」「個人データ」「保有個人データ」の区分に従い、個人情報取扱事業者は次の表に掲げる義務を負います。

▶ 表　個人情報取扱事業者が遵守すべき義務

	義務の内容
個人情報	第15条　利用目的の特定 第16条　利用目的による制限 第17条　適正な取得 第18条　取得に際しての利用目的の通知等 第35条　苦情の処理
個人データ	第19条　データ内容の正確性の確保等 第20条　安全管理措置 第21条　従業者の監督 第22条　委託先の監督 第23条　第三者提供の制限 第24条　外国にある第三者への提供の制限 第25条　第三者提供に係る記録の作成等 第26条　第三者提供を受ける際の確認等
保有個人データ	第27条　保有個人データに関する事項の公表等 第28条　開示 第29条　訂正等 第30条　利用停止等 第31条　理由の説明 第32条　開示等の請求等に応じる手続 第33条　手数料

　補足しますと、**個人情報を取り扱うにあたっては、利用目的を定めておかなければならず（個人情報保護法第15条）、その利用目的の達成に必要な範囲を超えて個人情報を取り扱ってはなりません（個人情報保護法第16条）。また、個人情報の取得に際しては、利用目的を公表したりしておかなければなりません（個人情報保護法第18条）**。

　次に、個人データを取り扱うには、その取り扱う個人データの漏えい、滅失又は毀損の防止その他の個人データの安全管理のために必要かつ適切な措置を講じなければならないとされています（個人情報保護法第20条）。具体的には、「組織的」「人的」「物理的」「技術的」の4つの側面に基づき安全管理措置を講じることが求められます。

　また、あらかじめ本人の同意を得ないで、個人データを第三者に提供してはいけないとされています（個人情報保護法第23条）。もっとも、どんな場合にも第三者に提供してはならないわけではなく、委託先に提供する場合や共同利用する場合等、一定の要件を満たした場合の例外があります。

この他にも個人情報取扱事業者として負うべき義務はたくさんありますが、先の表でどんなことが個人情報保護法上問題となり得るかについてだけでも把握しておくのがよいでしょう。

匿名加工情報（平成 27 年改正）とは

近年、ある鉄道会社が個人を識別することができないようにして他社に乗降履歴情報を販売していたということが報道されました。個人を識別することができないので、上記で見たような「個人情報」とはいえません。しかし、このような情報であっても、利用するにあたって一定のルールを定める必要があるということで、平成 27 年に個人情報保護法が改正されました。そこで新しくできたのが「匿名加工情報」です。

では、「匿名加工情報」とはどういう情報をいうのでしょうか？

「匿名加工情報」の判断にあたっては個人識別符号が含まれるか否かにより講ずべき措置が異なります。つまり、①個人識別符号が含まれない場合には個人情報の含まれる記述等の一部を削除することにより、又は②個人識別符号が含まれる場合には個人識別符号の全部を削除することにより、特定の個人を識別することができないように個人情報を加工して得られる個人に関する情報であって、当該個人情報を復元することができないようにしたものをいいます（改正個人情報保護法第 2 条第 9 項）。

具体的には、①であれば、「氏名、住所、生年月日」の個人情報があるとすると、「氏名」を削除したり、「住所」の記載を都道府県までの記載に留めたり、また「生年月日」の記載を誕生年の記載にしたりする等です。②であれば、個人識別符号とは指紋やパスポート番号、マイナンバー等ですから、それを全部削除することが必要となります。

匿名加工情報に関する義務とは

匿名加工情報は、個人情報から個人を識別することができないようにしたものですので、個人情報取扱事業者は、匿名加工情報を利用したからと

いって、個人情報、個人データ、保有個人データに関する義務を負うものではありません。しかし、平成27年改正により、匿名加工情報に関しても一定のルールを定めることになったのは、上述のとおりです（なお、改正法は平成27年9月に成立しており、成立から2年以内に施行されます）。以下がその主な義務になります。

匿名加工情報を作成するときの義務

個人情報取扱事業者は、匿名加工情報を作成するときは、以下の義務を負います（改正個人情報保護法第36条）。

①個人情報保護委員会規則で定める基準に従い個人情報を加工すること
②個人情報保護委員会規則で定める基準に従い情報の安全管理のための措置を講じること
③匿名加工情報に含まれる個人に関する情報の項目を公表すること
④あらかじめ第三者に提供される匿名加工情報に含まれる個人に関する情報の項目及びその提供の方法について公表し、当該第三者に対し当該提供に係る情報が匿名加工情報であることを明示すること
⑤個人情報に係る本人を識別するために当該匿名加工情報を他の情報と照合してはならないこと
⑥必要な措置を講じ、かつその内容を公表するように努めること

匿名加工情報を取り扱うときの義務

また、匿名加工情報取扱事業者は、以下の義務を負います。

①匿名加工情報（自ら個人情報を加工して作成したものを除きます）を第三者に提供するときには、あらかじめ個人に関する情報の項目及びその提供の方法について公表し、当該第三者に対して当該提供に係る情報が匿名加工情報であることを明示すること（改正個人情報保護法第37条）
②個人情報に係る本人を識別するために、加工の方法に関する情報を取

得し、又は当該匿名加工情報を他の情報と照合してはならないこと（個人情報保護法第 38 条）
③必要な措置を講じ、かつその内容を公表するように努めること（個人情報保護法第 39 条）

第6章

事業承継に必要な法律知識

〜親族内承継・親族外承継・M&A〜

6-1 準備はお早めに！今日から始める事業承継

事例 当社は、私が創業者で、一代で築き上げてきた会社です。50代になり、そろそろ事業承継も検討していかなければとは考えているところですが、子供たちはそれぞれ大手の企業に就職していて、会社を継ぐ気があるのかないのかわかりません。他の役員に承継することも考えましたが、私と年齢的にさほど変わらないため、またすぐに承継の問題が発生してしまいます。事業承継のことを考えると、悩みが尽きません。どうすればいいでしょうか。

ポイント

- ☑ 事業承継は、経営権の承継と財産権の承継の2面から検討しましょう。
- ☑ 事業承継の準備は早ければ早い方がよいです。
- ☑ 特に後継者は、選ぶのも確保するのも大変です。
- ☑ 承継先には、大きく分けて「親族」「会社内部の役員・従業員」「事業の売却」の3つがあります。

事業承継対策は万全ですか？

　事業承継は、高齢化等の理由により経営者が経営からの引退を決意したところから始まり、後継者を定めて、会社の経営を承継させ、併せて、経営者が保有する自社株等の財産も承継させます。後継者が見つからないような場合には、事業を他の法人に売却したり、売却先が見つからないような場合には、廃業したりすることも検討しなければなりません。

▶ 図　引退を決断した経営者の選択肢

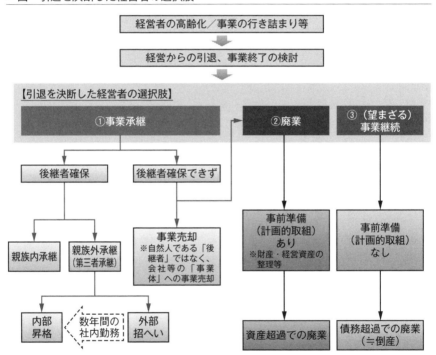

出所）中小企業庁：「中小企業白書 2014」第 3-3-6 図

事業承継は遠いようで、近い

　事業承継は、いつ頃から考えるのでしょうか。中小企業白書2014によると、50歳代以上の経営者になると半数以上が、事業承継を10年以内の経営課題として捉えているようです。しかし、実際に準備をしている人となると70歳代でも50％ほどしかいません。つまり、事業承継の必要性は感じつつも、具体的に着手している人は少ないということです。

　では、事業承継はいつ頃から始めるべきなのでしょうか？　事業内容や会社の規模によりますので、一概にいつからという正解はありませんが、中小企業白書2014によると中小企業の約80％が、後継者の育成には3年以上かかると考えているというデータがあります。1つの目安として、少なくとも承継予定の3年前から準備をしておく必要があるのではないでしょうか。もちろん、準備は早ければ早い方が円滑、かつ、経済合理性を持って進めることができます。

事業承継の中身は？

　では、後継者に対して何を承継すればいいのでしょうか？　それは、大まかにいうと「経営」と「財産」です。

　経営というのは、取引先との関係等も含めた社長の人脈、従業員との信頼関係、営業力や技術力といったものから、経営ノウハウや経営理念といったものまで、幅広い内容を意味します。

　財産というのは、主として、会社の株式のことです。多くの中小企業の場合には、創業者（または創業家）が、会社の株式の大半を保有していることがほとんどです。会社によっては、社長個人の財産が、事業用の資産として使われていることもあります（たとえば、社長個人の不動産を会社のオフィスとして使用する等）。事業承継では、このような財産を承継させる必要があります。株式であれば、後継者個人に譲渡する必要がありますし、事業用資産であれば、会社または後継者個人に譲渡する必要があります。

事業承継の難しさ

　事業承継は、経営と財産を承継すればよいと簡単に書きましたが、実際

はとても難しいものです。経営の承継についていえば、後継者が見つからないという問題はしばしば起こりますし、財産の承継についていえば、承継する株式の価値が高すぎて相続税等の納税資金が高額となる（**6-2** 参照）、後継者が株式の対価を支払う資金がない（**6-3** 参照）といった問題が発生しています。

誰に承継すればいいの？

事業承継というからには、承継する先、つまり後継者が必要となります。先ほど、事業承継の難しさには「後継者が見つからない」という理由があると書きましたが、後継者（承継先）はどのように決めるのでしょうか。

承継先は大きく分けて3つ

承継先は、大きく分けると3つ考えられます。1つ目は、自分の息子や娘（娘婿）、子供が小さいときは兄弟、子供がいないときには甥や姪等の親族内での承継（親族内承継）です。2つ目は、親族ではない、会社の役員や従業員への承継です（親族外承継）。3つ目は、他の会社に事業を売却するという形式での承継です。

親族外の承継も増加

承継先として3つのパターンをあげましたが、最も多いのは、親族に承継させるパターンです。このパターンは年々減ってきているとはいえ、まだまだ事業承継の主流です。

親族内承継が減る一方で増えているのが、会社の役員や従業員等、内部の者を昇格させて承継させるパターンです。

その他、外部から経営者を連れてきて、経営を承継させるということもあります。このパターンは、専門機関から後継者候補の紹介を受けるのが多いのではないでしょうか。

それぞれのパターンについて、**6-2** 以降で説明していきます。

6-2 親族に承継する際は早め早めの税金対策を！

事例 当社は、私が創業者で、一代で築き上げてきた会社です。50代になり、そろそろ事業承継も検討していかなければとは考えているところですが、どこから手を付けていいのかわかりません。子供たちは全員、他社に就職していますが、幸い、長男が事業の承継について、前向きに考えてくれているようです。
そこで、長男に事業を承継したいと思っているので、どのように承継させればよいのか教えてください。

ポイント

☑ 自社株を始めとする相続財産の承継は、相続税等、多額の資金を要します。

☑ 相続上、後継者とならない相続人との間で、相続の公平性をめぐってトラブルになることもあります。

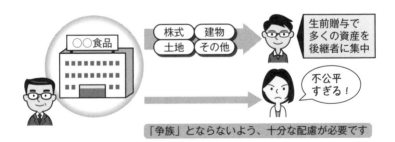

☑ 時間をかけて後継者を育成し、取引先や従業員の理解を得ることが大切です。

📖 承継先の親族は？

承継先の親族としては、息子、娘、娘婿、甥、姪等、現社長の次世代が第一候補となります。あまり多くはありませんが、経営者の子供がまだ学生であったり若かったりすると、一度、現社長の兄弟に社長をやってもらい、その後次世代に承継することで、事業承継を円滑に行うということもあります。

このように、親族の承継（親族内承継）といっても複数の人物が考えられます。では、どのように後継者を決めるのでしょうか？ 特にルールはありませんが、日本では伝統的に「家督は長男が継ぐもの」という考え方がいまだに強いので、長男が後継者となっているケースが最も多いのではないでしょうか。ただ、最近では、現社長の子供たちは他の企業に就職していて後を継ぐ気がないということも多く、他の親族が承継するということも増えてきたように感じます。

誰が承継するにしても、社長として会社を経営していくことは大変です。良いときもあれば悪いときもあります。さらに、創業者の後を継ぐような場合には、創業者のカリスマ性、リーダーシップと比較されることもあります。

このように、**後継者の選定は非常に重要かつ難しい問題です。社長が押しつけるのではなく、後継者候補の方や関係者とよく話し合って決めることが肝要です。**

📖 後継者を決めたら後継者教育と関係者の理解を

後継者が確保されたら、次は、後継者の教育と関係者の理解です。社長はカリスマ性、リーダーシップ、取引先との信頼関係、従業員との信頼関係、人望・人脈、ノウハウ等を備えて、長年にわたり会社を経営しています。もちろん、これらのすべてが承継できるというものではありませんし、するものでもありません。一朝一夕で承継できるものではないからです。

従業員や取引先の理解も一朝一夕で得られるものではなく、後継者が時

間をかけて築き上げていくしかありません。この意味でも時間が必要です。

📖 後継者以外の相続人との公平性にも配慮が必要です

　社長が個人で持っている会社の株式や事業用資産、不動産や預貯金は、相続財産となります。よって、妻や子等の相続人に相続されることとなりますが、株式や事業用資産が複数の相続人に相続されてしまうと、相続人間の意見がまとまらず、経営に支障を及ぼす可能性が出てきてしまいます。このため後継者だけに生前贈与して、株式や事業用財産を集中させるのが通常です。

　しかし、そうなると後継者に多くの財産が渡ることから、他の相続人としては面白くありません。相続が「争族」となってしまい、結果、事業承継も失敗してしまうということにもなりません。そこで、**後継者と他の相続人との間で不公平が生じないよう、遺言等で相続財産の分配を決めるとともに、相続人らの理解を得ておくことが肝要です。**

📖 他の相続人との関係（遺留分の対応）

　遺留分とは、相続人間の平等や生活の安定から、相続人に保障された相続財産に対する最低限の権利をいいます。遺留分は、法定相続分の２分の１（父母のみの場合は３分の１）で、兄弟姉妹に遺留分はありません。たとえば、被相続人が父、相続人が母、子２人の場合に、被相続人の父が全遺産を子供の１人に遺贈した場合でも、母と子の１人は、最低限の遺留分を受け取れます（遺留分の詳細については、相続についての専門書等を参考にしてください）。

　このような遺留分があると、自社株式を子の１人に集中させようとしても株式が分散してしまい、事業承継が上手くいかなくなってしまうおそれがあります。

　そこで、この遺留分については、事業承継の場合に限り特例が設けられています（事業承継を円滑に行うための遺留分に関する民法の特例）。具体的には、後継者を含めた推定相続人（まだ相続が始まっていないので推

定となっています）全員の合意で、自社株式について、次のような合意をすることが認められています。本節末に掲載する「図【書式例】合意書のイメージ」も確認してみてください。

- 除外合意→遺留分の算定基礎財産から自社株式を除外
- 固定合意→遺留分の算定基礎財産に算入する際の株式の価額を合意時の時価（専門家の証明が必要）に固定

親族への事業承継で最も重要なポイントとは

　ここまでに説明したとおり、後継者には株式と事業用財産を移す必要があります。この**財産の移動に関して、多額のお金がかかる可能性があります。事業承継では、これが一番重要なポイント**です。

　事業承継を検討する多くの会社では、株式を移転する機会等もないためあまり意識しませんが、株式も財産です。株式を移転する場合には対価が必要であったり、移転に関して税金が発生したりすることになります。事業承継では、この自社株式が一番厄介です。公認会計士や税理士等の専門家に株価の算定を依頼してみるとわかりますが、びっくりするような金額となることも多々あります。

自社株式の評価対策や納税資金の確保が必要！

　自社株式が高額となるとどうなるでしょうか？

　自社株式を後継者に移転させる方法として、生前贈与や相続が利用されるのが一般的です。そして、生前贈与に対しては贈与税、相続に対しては相続税が課せられることになります。このとき、税金の算定の基礎となるのが自社株式の価格です。したがいまして、**自社株式の価値が高ければ高いほど、税金も高額となります**。あまりに高額になってしまうと、手元の現預金だけでは、納税資金が足りないということにもなりかねません。

　そのため、**少しでも早く事業承継の準備を始め、自社株式の評価にかかる対策や、税金資金の確保を漸次行うことが肝要**です。

▶ 図 【書式例】合意書のイメージ〈後継者Bが推定相続人である場合〉

　旧代表者Aの遺留分を有する推定相続人であるB、C及びDは、中小企業における経営の承継の円滑化に関する法律（以下、単に「法」という）に基づき、以下のとおり合意する。

(目的－法7条1項1号)
第1条　本件合意は、BがAからの贈与により取得したY社の株式につき遺留分の算定に係る合意等をすることにより、Y社の経営の承継の円滑化を図ることを目的とする。

(確認－法3条2項及び3項)
第2条　B、C及びDは、次の各事項を相互に確認する。
① AがY社の代表取締役であったこと。
② B、C及びDがいずれもAの推定相続人であり、かつ、これらの者以外にAの推定相続人が存在しないこと。
③ Bが、現在、Y社の総株主（但し、株主総会において決議をすることができる事項の全部につき議決権を行使することができない株主を除く。）の議決権○○個の過半数である○○個を保有していること。
④ Bが、現在、Y社の代表取締役であること。

(除外合意、固定合意－法4条1項1号及び2号)
第3条　B、C及びDは、BがAからの平成○○年○○月○○日付け贈与により取得したY社の株式○○株について、次のとおり合意する。
① 上記○○株うち□□株について、Aを被相続人とする相続に際し、その相続開始時の価額を遺留分を算定するための財産の価額に算入しない。
② 上記○○株うち△△株について、Aを被相続人とする相続に際し、遺留分を算定するための財産の価額に算入すべき価額を○○○円（1株あたり☆☆☆円。弁護士××××が相当な価額として証明をしたもの。）とする。

(後継者以外の推定相続人がとることができる措置－法4条3項)
第4条　Bが第3条の合意の対象とした株式を処分したときは、C及びDは、Bに対し、それぞれが、Bが処分した株式数に○○○万円を乗じて得た金額を請求できるものとする。
2　BがAの生存中にY社の代表取締役を退任したときは、C及びDは、Bに対し、それぞれ○○○万円を請求できるものとする。

3 前二項のいずれかに該当したときは、C及びDは、共同して、本件合意を解除することができる。
4 前項の規定により本件合意が解除されたときであっても、第1項又は第2項の金員の請求を妨げない。

（法4条1項の株式等以外の財産に関する合意－法5条）
第5条 B、C及びDは、BがAからの平成〇〇年〇〇月〇〇日付け贈与により取得した〇〇について、Aを被相続人とする相続に際し、その価額を遺留分を算定するための財産の価額に算入しないことを合意する。

（衡平を図るための措置－法6条）
第6条 B、C及びDは、Aの推定相続人間の衡平を図るための措置として、次の贈与の全部について、Aを被相続人とする相続に際し、その価額を遺留分を算定するための財産の価額に算入しないことを合意する。
① CがAから平成〇〇年〇〇月〇〇日付け贈与により取得した現金1,000万円
② DがAから平成〇〇年〇〇月〇〇日付け贈与により取得した下記の土地〇〇所在〇〇番〇〇宅地〇〇㎡

（経済産業大臣の確認－法7条）
第7条 Bは、本件合意の成立後1ヵ月以内に、法7条所定の経済産業大臣の確認の申請をするものとする。
2 C及びDは、前項の確認申請手続に必要な書類の収集、提出等、Bの同確認申請手続に協力するものとする。

（家庭裁判所の許可－法8条）
第8条 Bは、前条の経済産業大臣の確認を受けたときは、当該確認を受けた日から1ヵ月以内に、第3条ないし第6条の合意につき、管轄家庭裁判所に対し、法8条所定の許可審判の申立をするものとする。
2 C及びDは、前項の許可審判申立手続に必要な書類の収集、提出等、Bの同許可審判手続に協力するものとする。

ここに示したのは合意書のイメージです。
実際の合意のときは、資産の内容や遺留分権利者の人数などの状況に十分に配慮しながら、当事者間で話し合ってまとめることが肝要です。
その際には、専門家にも相談されることをお薦めいたします。

出所）中小企業庁：「事業承継を円滑に行うための遺留分に関する民法の特例」

6-3 社内の人物に承継する際は株式買取資金の調達がポイント

事例

当社は、私が創業者で、一代で築き上げてきた会社です。50代になり、そろそろ、事業承継も検討していかなければとは考えているところですが、どこから手を付けていいのかわかりません。子供たちは全員、他社に就職しており、承継して社長になる気はないようです。

こうした場合、誰に事業を承継すればよいでしょうか？ たとえば、役員として私を支えてくれたメンバーに承継することはできるのでしょうか？

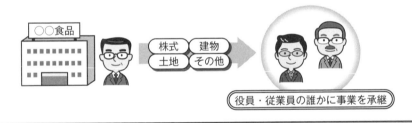

ポイント

- ☑ 承継者が会社債務の個人保証等、金銭的覚悟ができるかもポイントです。
- ☑ 承継する役員や従業員が、社長の株式を買い取る資金をどう調達するかが最重要項目です。
- ☑ 後継者の年齢も選定の重要な要素の1つです。

📖 親族外承継は、後継者の年齢も重要な要素

　以前は、子供をはじめとする親族が会社を承継することがほとんどでしたが、最近では、子供たちは別の会社に就職して、会社を承継しないというケースも増えてきました。親族内で後継者を探したのに見つからず、そのときになってはじめて社内で承継者を探すという場合もあるでしょうし、最初から会社を承継するのは社内の人物と決めて準備をする場合もあるでしょう。

　本節では、後継者として親族外の社内の人物を選択する場合についての説明をいたします。

📖 親族外承継、後継者は誰にする？

　承継先の社内の人物は、役員の場合もありますし、従業員の場合もあります。**後継者を選定する基準は色々ありますが、重要な要素と認識して検討していただきたいのが、後継者の年齢**です。現経営者が引退をするときに、後継者は何歳になっているでしょうか？

　「自分（現経営者）の右腕だった」「会社の事情に精通しているから」といった理由で、自分の年齢に近い人物を後継者にしてしまっては、またすぐに事業承継問題が発生してしまいます。**6-2** で説明した親族内承継を前提に、一時的に社内からの昇格で社長に就任するような場合は後継者の年齢が高くなることもありますが、こうした場合を除き、承継先の人物の年齢をよく考慮し、会社の将来を見据えながら現状に合わせて後継者を選定するのが肝要でしょう。

📖 個人の連帯保証と担保の問題について

　親族以外に事業を引き継ぐ際の問題の中でも、特に重要なのが借入金の個人保証の引継ぎです。

　会社が金融機関から借入を行う場合、社長個人が借入金について連帯保証をしたり、社長個人が持っている自宅やその他不動産を担保として提供

していることがあります。社長が引退し、後継者が事業を承継する場合に、このような個人の連帯保証や不動産担保を外してもらえるかどうか、というのが重要なポイントになります。

　金融機関が融資の際に代表者の個人保証を求める理由としては、経営への規律付けのため、会社の信用力補完のため、担保のため、といった理由があげられています。金融機関は、代表者個人の経済的な側面の他、代表者の資質や能力も重視しているのです。そのため、後継者に事業承継が行われたからといって、連帯保証や担保が外されることは少ないというのが現状です。外されないだけでなく、後継者も併せて個人で連帯保証するように求められることも多いといえます。

　この問題については、残念ながら即効性のある対応策というのはないのですが、自身の連帯保証や担保を外し、また後継者の個人保証負担を減らすためにも、現経営者の時代から債務を圧縮して、金融機関と粘り強く交渉していくことが肝要です。

株式買取資金確保に向け、十分な準備を！

　親族以外に事業を引き継ぐ際の問題として個人保証の問題とともに多いのが、社長（現経営者）が保有している株式の買取資金確保です。

　事業承継前は、社長個人やその家族が株の大半を保有していることが通常です。事業承継の際に株式をそのままにしておくと、後継者は「株式を保有していない雇われ社長」という立場になってしまいます。その場合、迅速な意思決定ができなかったり、株主によって解任されるのではないかという不安が影響して経営に集中できなかったり、健全な会社運営が阻害される可能性が出てきます。社長個人やその家族からしても、株式をそのまま保有しておくと、いざ相続が発生した際、その株式についても相続税が課されることになります。

資金調達の主な手段

　このような事態を防ぐためにも、株式を後継者に集中させることが必要

です。しかし、社内からの後継者は株式の買取資金を用意できないことも多々あります。そのため、自己資金と併せて、金融機関やファンドから株式の買取資金を調達することがあります。

金融機関からの借入で資金調達する場合には、会社の経営権に影響がないという点においてはメリットがありますが、承継後からスタートする返済が重荷になるという点ではデメリットがあります。

ファンドから資金調達を行う方法は様々です。借入でなく出資の形をとることが多いですが、議決権のない株式とすることで経営権に影響がないようにすることもあります。ただ、一定期間経過時点で株式を買い戻さなければならなかったり、一定の事由が生じることによって議決権のある株式に転換されることにより経営権が握られてしまったり、という可能性もあります。この辺りは、様々なパターンがありますので、専門家とよく相談する必要があります。

▶ 図　金融機関やファンドから資金調達して、株式を売買する方法

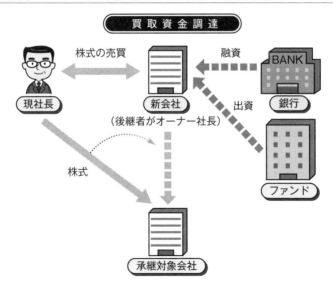

6-4 他の会社に事業を承継する際は、専門家との連携が必須

当社は、私が二代目社長で、親子二代で築き上げてきた会社です。60代になり、そろそろ事業承継も検討していかなければと数年前から考えているのですが、子供たちは全員他社に就職しており、承継して社長になる気はないようです。承継先として社内の役員や従業員、社外の人も考えましたが、借入金の個人保証の問題もあり、なかなか後継者が見つかりません。従業員も多数いますので、雇用を守るためにも、他社への事業売却を検討しています。

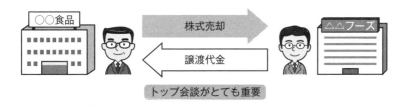

- ☑ M&Aでは、まずは信頼できるアドバイザーを選択します。
- ☑ アドバイザーに要望をきちんと伝えることが大切です。
- ☑ トップ会談では、ミスマッチを避けるため、しっかりとトップ同士の人柄や経営に対する姿勢や意識を確認しましょう。
- ☑ 最終的な契約では、アドバイザーや専門家と意見を確認しながら進めることが肝要です。

他社へ事業を承継する

ここまでに事業承継の承継先として、親族（6-2）、社内の従業員や役員（6-3）の場合を見てきました。しかし、親族に後継者がいない、社内の役員や従業員も個人保証等の問題から後継者がいないという場合があります。このように、社内外で後継者がいない場合には、他社へ事業を売却する（いわゆるM&A）ことも選択肢の1つです。

乗っ取り等、M&Aによくない印象をお持ちの社長もいらっしゃいますが、オーナー社長からすれば会社の売却により株式の譲渡益を得られるというだけでなく、個人保証や担保を外すことができるというメリットもあります。

M&Aによる事業承継の大まかな流れ

M&Aは、大まかに、次のような流れで進められていきます。以下、それぞれのポイントを説明していきます。

▶ 図　M&Aによる事業承継の大まかな流れ

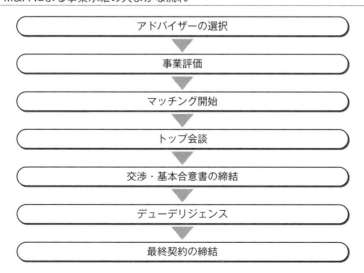

📖 アドバイザーの選択

　他社へ事業を売却するといっても、自分で買い手を見つけるのは困難です。そのため、買い手候補者を探し、かつ、M&Aの手続全般についてアドバイスをするアドバイザーとアドバイザリー契約を締結するのが通常です。

　アドバイザーは、専門の会社に依頼することもあれば、金融機関に依頼することもあります。この場合の金融機関とは、口座を持っていたり、融資を受けているメインバンクです。

　取引支店に相談すれば、その支店もしくは本店の担当部署が相談に応じてくれます。また、最近は各金融機関が事業承継に力を入れていますので、メインバンク以外でも相談してみるとよいかもしれません。

📖 事業評価

　アドバイザーが決まると、アドバイザーが売り手である自社の事業評価を行います。アドバイザーは、社長の希望に添うように、自分の会社を高く売ってくれる営業マンです。営業マンが商品を売るためには、商品の価値、つまりは商品の良いところや悪いところをよく知ることが必要です。そのため、アドバイザーが事業評価を行います。

　事業評価は財務諸表や社長へのヒアリングを基に行います。このとき、アドバイザーに対しては包み隠さず、真摯に回答することが重要です。あとで説明するデューデリジェンスの際には買い手候補者が会社を調査しますので、何か隠し事をしたとしても、その際に発覚してしまいます。そうなると、せっかくのM&A話が破談になってしまう可能性もあるのです。

📖 マッチング（買い手先候補者の選定）

　アドバイザーは、事業評価を基に、買い手候補者に提示する資料を作成して、買い手先候補者を探します。このとき、社長からは、売り手としてどのような会社に譲渡したいかという要望をきちんと伝えることが大切です。

　会社のことを一番よく知っているのは社長です。**どのような企業と一緒**

になれば自社にメリットがあるのか、業績や規模といった**客観的な部分**だけでなく、**企業理念や企業文化**といった部分も含めて検討する必要があります。

📖 トップ会談

アドバイザーが買い手候補者をリストアップしたら、次は、買い手候補者の社長との会談が待っています。とはいえ、この会談で譲渡に関して具体的な交渉を行うわけではありません。主に、双方の人間性を知ることを目的として行われます。お互いの人柄を知る中で、双方の会社の経営方針等を確認していくことができます。

この過程は非常に重要で、長い期間をかけて会談を複数回行ったり、ときには食事したりする等して、互いの要望にミスマッチがないようにします。

📖 交渉・基本合意書の締結

買い手候補者の中で会社を譲り受けてもよいという会社が現れた場合には、譲渡に関するお互いの基本的な要望を話し合います。具体的には、買受希望があること、譲渡価格（最終価格は次のデューデリジェンスを経て決定します）、独占的交渉権の有無、既存の役員や従業員の処遇等について話し合います。大枠が決まれば基本合意書を締結し、デューデリジェンス（DD）に移行します。

📖 デューデリジェンス（DD）

デューデリジェンス（DD）というのは、会社を調査することです。買い手候補者側が弁護士や会計士、税理士等の専門家と組んで、売り手の会社を法務、財務、税務、ビジネス等の観点から調査を行います。

先の事業評価との違いは、デューデリジェンスは買い手自らが商品価値を確かめるという点にあります。

最終契約書の締結

　デューデリジェンスでの結果を踏まえて、最終的な譲渡契約の条件を詰めます。デューデリジェンスの結果、将来的に企業価値を減少させる事項が発見された場合には、当初の譲渡価格を減額するかどうか等の話をします。また、発見された問題について、今後どのように解決していくかを話します。問題の内容によっては、解決されることを条件として事業の承継が完成するとされる場合もあります。

　この最後の交渉は非常に重要です。きちんと、アドバイザーや弁護士、会計士、税理士といった専門家と協議しながら進めることが肝要です。

第7章

税務調査の対象となったら必要になる法律知識

～ 税務調査・再調査請求・審査請求・租税訴訟 ～

7-1 税務調査の事前通知が来たら必要書類等の準備を

突然、税務署から税務調査の連絡が来ました。私の会社は何かまずいことをしてしまったのでしょうか？ 多額の税金を追加で納めなければいけないのでしょうか？ 初めてのことで全くわかりません。

税務調査とは何か、税務調査が始まってからの流れを知りたいです。

ポイント

- ☑ 税務調査は事前に連絡が来るのが原則です。
- ☑ 税務調査は任意の調査ですが、指示された書類を提出しなかった場合には、罰則が適用されることがあります。
- ☑ 税務調査の連絡が来たら、帳簿等の準備をしましょう。
- ☑ 税務調査には顧問税理士や弁護士が立ち会うことが可能です。

📖 そもそも、税務調査って何だろう？

　設立から期間が経過している会社の中には税務調査を受けたことのあるところもあるかもしれませんが、設立間もない会社では、これまで税務調査を受けたことがない会社もたくさんあると思います。税務調査と聞くと、処分を受けて追加で多額の税金を納めなければならないのでは？と必要以上に構えてしまうかもしれません。そうならないように、税務調査を知り、いざ税務調査が来た際に備えるようにしましょう。

📖 納税申告制度と税務調査

　会社が納めている基本的な税金には、法人税や消費税等があります。1回でも決算を迎えた会社の社長さんであれば経験されていると思いますが、事業年度の最終日の翌日から2か月以内に確定申告書を作成して、法人税や消費税等を納税しています。この**申告内容が正しいかどうかを調査するのが、税務調査というものです。**

📖 税務調査と罰則

　税務調査は、任意調査です。任意調査というのは、あくまでも**調査対象者の同意を得て調査をするものです。**これとは対照的に、脱税等の犯罪を調査する犯則調査の場合には、裁判所の許可を得れば、調査対象者の同意を得ることなく調査をすることができます。

　強制でないならば従う必要がないのかというと、そういうわけでもありません。税務調査の際に、正当な理由もなく、帳簿等の提出を拒んだり、質問に答えなかったり、また、嘘の回答や書類を提出した場合には、1年以下の懲役又は50万円以下の罰金を科せられることになります（国税通則法第127条第2号）。つまり、強制調査ではないといいながらも、事実上は強制されているということになります。

税務調査の流れ

それでは、税務調査の流れを次の図に沿って見ていきましょう。

▶ 図　税務調査の流れ

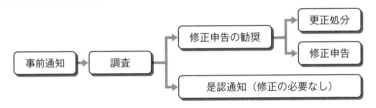

事前通知

税務調査が行われる場合には、原則として（例外的に、事前通知がない場合もあります）、調査を始める前に税務署の職員から連絡がきます（国税通則法第74条の9第1項）。この連絡の際に、調査開始日時や調査実施場所について都合が悪ければ調整が行われます。調査実施場所については、帳簿等もありますので、多くの場合自社ということになりますが、納税代理人（申告時に作成を依頼した税理士）の税理士事務所ということもあります。

この連絡は、この納税代理人（税理士）にも入りますので、立ち会ってもらうためにも、税理士とも日程を調整する必要があります。弁護士にも調査の立ち会いを依頼するという場合には、弁護士とも日程調整が必要となります。

この事前通知で通知される内容は、次のとおりです（国税通則法第74条の9第1項各号）。忘れないようにきちんとメモを取るようにしましょう。

＜税務調査の事前通知で知らされる内容＞
①調査の日時
②調査の場所
③調査の目的

④調査の対象となる税目（どの税金か）
　⑤調査の対象となる期間
　⑥調査の対象となる帳簿書類その他の物件
　⑦調査担当者の所属と氏名
　⑧調査担当職員の人数

📖 資料の準備

　上記事前通知を受けたら、対象となる期間の帳簿類を準備しておきます。準備の過程で、質問されても回答できるように、説明できない資料はないかどうか等を確認していきます。下記資料が一通り説明できるようにすることが目標です。

　①帳簿：総勘定元帳、売掛帳及び買掛帳、現金出納帳、手形関係
　②期末棚卸資産の明細表
　③売上の関係書類：契約書、見積書、納品書、請求書（控）、領収証（控）
　④仕入及び一般管理費等費用関連の書類：契約書、請求書、領収証
　⑤人件費関連の書類：賃金台帳及び源泉徴収関係
　⑥通帳、手形
　⑦会社概要：事業内容、役員構成、社歴、組織図

📖 質問調査権

　税務調査に来る税務職員に認められている権利で、納税義務者に質問し、帳簿書類その他の物件を検査し、提示または提出を求めることができると法律で定められています（国税通則法第74条の2等）。

　この質問調査に対し、正当な理由がないのに拒否したり、虚偽の回答や資料を提出したりすることに対して、罰則が定められています。

　そのため、この質問や資料の提出に対応するために行う準備が、1つ前の項目である「資料の準備」ということになります。

　上記のような準備をしたにもかかわらず、用意できていない資料や回答できない質問があっても、慌てる必要はありません。資料を出さなかった

り回答できなかったりしてはまずいことになると考えて、その場しのぎの対応をする方法が、後々不利益となる可能性があります。後日提出、または回答することを告げて、準備が整い次第対応するようにしましょう。

立会いの有無

税務調査では、顧問税理士や弁護士（国税局長に通知をした者）が立ち会うことができます。税務調査が行われるというだけで不安になり、冷静な対応が難しくなります。もう何度も税務調査を経験しているという会社であれば必要ないかもしれませんが、税務調査は初めて、または数回しかないという会社の場合には、立会いを依頼することが望ましいです。

税務調査の終了

税務調査が終了すると、税務調査の結果、申告内容に誤りがあるかどうかによって、税務職員の対応が異なります。順に見ていきましょう。

是認通知

1つ目は、最高の結果です。税務調査の結果、申告内容に誤りがなかった場合です。この場合には、調査時点において更正決定をするべきとは認められないという内容の書面（これを是認通知といいます）を受け取ることができます。これで一安心ですね。

▶ 図　税務調査の結果とその後の対応

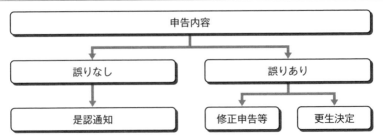

調査結果の説明と修正申告等の勧奨

調査の結果、申告内容に誤りがあると判断された場合には、税務職員から調査の内容が説明されます。

その上で、調査の結果に対応した修正申告または期限後申告をするように、税務職員から勧められます。この税務職員の勧めに応じるかどうかによって、その後の対応が異なります。

修正申告または期限後申告

税務職員の勧めに応じるということであれば、申告内容の誤りを直して修正申告または期限後申告をすることになります。

この申告については、注意点があります。税務職員からも説明がありますが、税務職員の勧めに応じて申告をした場合には調査の結果に対して不服申立て（次節以降で説明）ができなくなります。

更正処分

更正処分というのは、調査の結果、申告内容が誤りであったとされる点を正した場合に発生する税金が算定され、納税するよう求められることです。この更正処分の記載された通知書には理由が記載されていますので、理由を検討して不服申立てをするのかどうか、方針を決定します。

7-2 税務調査の結果に不満だったら ① 再調査請求を

事例 税務調査の結果に納得がいかなかったので、税務職員の修正申告の勧奨は受け入れませんでした。顧問税理士さんから説明を受けていたとおり、更正処分通知書が送られてきました。やはり、通知書に記載された理由には納得できませんので、争いたいと思います。

次のステップはどのように進めればよいのでしょうか？

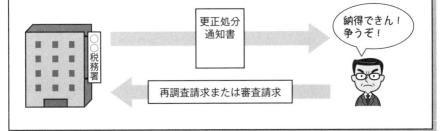

ポイント

- ☑ 最初から、再調査請求と審査請求のいずれかを選択して処分を争うことができるようになりました。
- ☑ 再調査請求は、更正処分等の通知を受け取った日の翌日から3か月以内です。
- ☑ 再調査請求の提出先は、原則として、更正処分通知書の発信元である税務署です。
- ☑ 再調査請求をしたことにより、更正処分の内容よりさらに重い結果（納税額が増える等）になることはありません。

更正処分に不服があったら？

税務調査の結果に納得できず、税務職員からの修正申告の勧奨にも応じなかった場合には、更正処分通知書が税務署から送付されてきます。では、この更正処分を争うにはどのような方法をとることになるでしょうか？

不服申立前置主義

この税務署の処分を争う方法には、3つあります。再調査請求、審査請求、(租税)訴訟です。再調査請求は、処分を行った税務署(原処分庁といいます)に対して行います。審査請求は、国税不服審判所に対して行います。(租税)訴訟は、裁判所に対して行います。

しかし、税務署の処分を争う場合に、「自分は裁判所で判断して欲しいから。いきなり裁判所で争います」といったことは認められていません。これを不服申立前置主義といいます。

▶ 図　不服申立前置主義に則って税務署の処分(平成28年4月1日以降)を争う

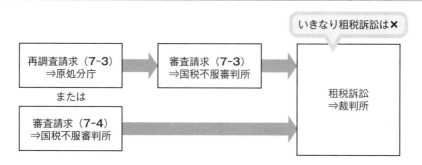

▶ 図　平成28年3月31日以前の処分に対して争う場合

ここで重要なポイントがあります。処分の最初の争い方として、再調査請求と審査請求が選べるようになったのは、平成28年4月1日以後の処分からです。平成28年3月31日以前の処分については、従来通り、原処分庁に異議申立を行い、異議決定が出た後に審査請求を行うという二段階の手続になっています。

📖 再調査請求のスタート

　それでは、実際に再調査請求はどのように行われるのか、手続の概略を見ていきましょう。本節の最後に、国税庁のホームページで掲載されている再調査請求の様式も載せてありますので、併せてご確認ください。

📖 再調査請求先
　再調査請求先は、原処分庁です。更正決定通知書で処分を行った税務署を確認して記載します（再調査請求の様式の②部分）。

📖 再調査請求の期限
　再調査請求は、更正処分の通知を受け取った日の翌日から3か月以内に行う必要があります。 たとえば、6月14日（初日不算入）に通知を受け取ったのであれば、9月14日までに再調査請求を行う必要があります。そのため、再調査請求の様式の⑨に、原処分の通知書に記載された年月日と原処分の通知書を受けた年月日を記載することが求められています。
　このように、再調査請求の期限を決定することになることから、この通知書を受領した日というのは非常に重要なため、配達されたことが記録に残るような簡易書留等で送られてきます。これによって、税務署は、配達された日を把握し証拠化することができます。
　会社としても、いつ受け取ったのかわかるようにきちんと受領した日を記録しておくことが肝要です。**万が一期限を過ぎてしまった場合には、再調査請求書を提出しても却下されてしまいます。**

▶ 図　再調査請求の期限の例

📖 争いたい処分の内容

　当然といえば当然ですが、争いたい処分の内容を記載します。これが、再調査請求の様式の⑩になります。送られてきた処分通知書を確認しながら、税目や対象年分等に誤りがないように記載しましょう。

📖 再調査を請求する理由

　これが一番重要です（再調査請求の様式の⑪⑫）。**税務調査のときと同じ説明では、結果は覆りません。専門家ときちんと協議をして、どの点について、どのように争うのか、また追加の証拠もしっかり用意をしましょう。**

　また、再調査請求、審査請求、訴訟と最後まで争っていくのであれば、最初が肝心です。再調査請求の段階から専門家と協議して、税理士や弁護士を代理人としてつけるのが望ましいといえます。

📖 再調査請求の審理及び結果により、審査請求を検討

　再調査請求をすると、担当者と面談をしてこちらの言い分を伝え、必要であれば追加の証拠を提出することになります。税務署では通達に基づいて処分を行っていますが、再調査請求で、この通達そのものを争ったり、法律論で争ったりしても、これが覆ることはありません。このような法律論に踏み込んで判断するのは、国税不服審判所や裁判所になります。**実際に結果が覆るのも、追加で有益な証拠を提出する等して処分の前提となる事実認定に変更があった場合です。**

📖 再調査決定について

　再調査請求に対しては、棄却、処分の全部取消し、処分の一部取消しや変更のいずれかの再調査決定が出されます。処分の全部取消し以外は、さらに審査請求（再調査決定書を受け取った日の翌日から1か月以内）をするかどうか検討することになります。

　棄却というのは、再調査請求したけど、請求が全く認められず、全面的に負けたことをいいます。

　処分の全部取消しというのは、請求内容が全面的に認められ、更正処分が全部取り消されたことをいいます。

　処分の一部取消しや変更というのは、請求内容の一部が認められ、更正処分の一部が取り消されたり、変更されたりすることをいいます。

　この結果に関して注意していただきたいのが、**再調査請求をすることにより、更正処分よりさらに重い結果（税額の増加等）になることはない**ということです。

📖 3か月以内に再調査決定が出ない場合

　なお、再調査請求をした日の翌日から3か月以内に再調査決定が出ない場合には、再調査決定を待たずに審査請求をすることが可能になります。審査請求については **7-3** で説明します。

　参考までに、平成27年度における異議決定のうち、異議が認められて、処分が全部または一部取消しとなったのは、8.4％であることが国税庁から発表されています（出所：国税庁「平成27年度における異議申立ての概要」）。

▶ 図 【書式例】再調査の請求書

再調査の請求書 (初葉)

①平成＿＿年＿＿月＿＿日

② ＿＿＿＿＿＿＿＿＿ 税務署長 殿
　＿＿＿＿＿＿＿＿＿ 国税局長 殿

再調査の請求人

③	住所又は所在地（納税地）		郵便番号 －
④	（フリガナ）氏名又は名称	（　　　　　　　）印	電話番号（　）
⑤	個人番号又は法人番号	｜｜｜｜｜｜｜｜｜｜｜｜	※個人番号の記入に当たっては、左端を空欄にしてください。

⑥は総代代表者又は

	住所又は居所		郵便番号 －
	（フリガナ）氏　名	（　　　　　　　）印	電話番号（　）

⑦代理人

	住所又は居所		郵便番号 －
	（フリガナ）氏　名	（　　　　　　　）印	電話番号（　）

下記の処分について不服があるので、再調査の請求をします。

再調査の請求に係る処分の内容〈原処分〉

⑧ 原処分庁	（　　　　）税務署長・（　　　　）国税局長・その他（　　　　）
⑨ 原処分日等	原処分（下記⑩）の通知書に記載された年月日　平成　年　月　日付
	原処分（下記⑩）の通知書を受けた年月日　　　平成　年　月　日

⑩ 原処分名等

（「税目」欄及び「原処分名」欄の該当番号をそれぞれ○で囲み、「対象年分等」欄は、「原処分名」ごとに記載した上で「税目」欄において○で囲んだ再調査の請求に係る処分の税目の番号を括弧書で記載してください。）

税　目	原　処　分　名	対象年分等
1 申告所得税 2 復興特別所得税 3 法人税 4 復興特別法人税 5 地方法人税 6 消費税及び地方消費税 7 相続税 8 贈与税 9 （　　　）	1 更　正	
	2 決　定	
	加算税 a 過少申告加算税の賦課決定	
	b 無申告　加算税の賦課決定	
	c 重　　加算税の賦課決定	
	4 更正の請求に対する更正すべき理由がない旨の通知	
	5 青色申告の承認の取消し	以後
	6 その他（　　　　　　　）	
10 源泉所得税 11 復興特別所得税	7 納税の告知	
	加算税 a 不納付加算税の賦課決定	
	b 重　加算税の賦課決定	

※整理欄	通信日付印年月日 平成　年　月　日 ・　・	確認印	整理簿	連絡せん	番号確認	身元確認 □済 □未済	確認書類 個人番号カード／通知カード・運転免許証 その他（　　　）			

※整理欄は、記載しないでください。

(不服1)

出所）国税庁：「再調査の請求書」

(次葉)

| | 再調査の請求人の氏名又は名称 | |

⑪ 再調査の請求の趣旨

★ 原処分の取消し又は変更を求める範囲等について、該当する番号を○で囲んでください。

　　1：全部取消し　………　初葉記載の原処分の全部の取消しを求める。
　　2：一部取消し　………　初葉記載の原処分のうち、次の部分の取消しを求める。
　　3：変　更　…………　初葉記載の原処分について、次のとおりの変更を求める。

★ 上記番号2の「一部取消し」又は3の「変更」を求める場合には、その範囲等を記載してください。

⑫ 再調査の請求の理由

★ 取消し等を求める理由をできるだけ具体的に記載してください。
　なお、この用紙に書ききれない場合には、適宜の用紙に記載して添付してください。

⑬ 添付書類等（★該当番号を○で囲んでください。）

1：委任状（代理人の権限を証する書類）
2：総代選任書
3：再調査の請求の趣旨及び理由を計数的に説明する資料
4：その他（　　　　　　　　　　　）

⑭ 原処分があったとき以後に納税地の異動があった場合

1：原処分をした税務署長又は国税局長
　⇒（　　　　　）税務署・（　　　　　）国税局長
2：原処分の際の納税地
　⇒

⑮ 不服申立期間経過後に、再調査の請求をすることとなった理由

※補正欄	補正した日	補正箇所	補正内容

(不服1)

7-3 税務調査の結果に不満だったら ② 次は審査請求を

再調査請求をしましたが、棄却されてしまいました。今回も理由を確認しましたが、とても納得できるものではありません。やはり第三者的な立場から判断してもらうためにも、国税不服審判所に対する審査請求をしたいと思っています。次こそ勝ちたいので、審査請求について教えてください。

ポイント

☑ 再調査請求を行わずに直接審査請求を行う場合には、更正処分等の通知を受け取った日の翌日から3か月以内に行います。

☑ 再調査請求の決定を経た場合の審査請求は、再調査決定書を受け取った日の翌日から1か月以内です。

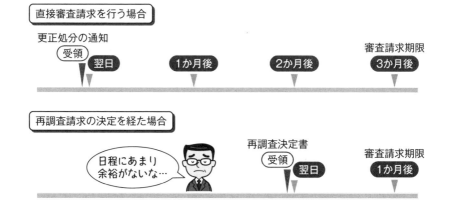

☑ 審査請求をしたことにより、更正処分の内容よりさらに重い結果（納税額が増える等）になることはありません。

📖 再調査決定に不服があったら審査請求を行います

　再調査決定に不服がある場合には、次は、国税不服審判所に対する審査請求をすることになります。再調査請求では、判断者が処分者と同一機関でした。しかし、**国税不服審判所は国税庁の機関ではあるものの、執行機関とは異なる特別な機関なので、第三者的な判断が望めます。**そのため、後掲する「図　審査請求の流れ」にあるように、判断者と、審査請求者VS税務署という構図が見て取れます。

📖 審査請求のスタート

　それでは、実際に審査請求はどのように行われるのか、手続の概略を見ていきましょう。本節の最後に、国税不服審判所のホームページで掲載されている審査請求書の様式も載せてありますので、併せてご確認ください。

📖 審査請求先
　審査請求先は、原処分庁の管轄区域を管轄する国税不服審判所の支部になります。管轄といわれてもどこに提出したらいいかわからない場合は、処分を行った税務署や再調査の決定をした機関を経由して提出することもできます。審査請求書は、正副各1通（同じものを2通提出すればOKです）を提出する必要があります。

📖 審査請求の期限
　7-2でも説明したように、平成28年4月1日以降の処分から制度が変わり、最初から審査請求を行うことができるようになりました。
　審査請求の期限については、後掲する「図　国税に関する不服申立制度の概要図（国税通則法改正後）」をご覧ください。

▶ 図 審査請求の流れ

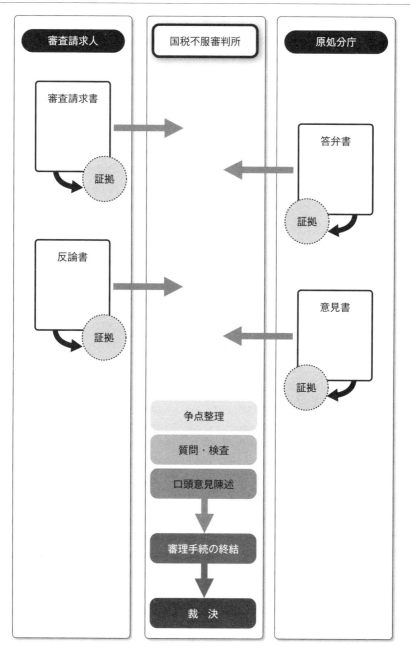

▶ 図　国税に関する不服申立制度の概要図（国税通則法改正後）

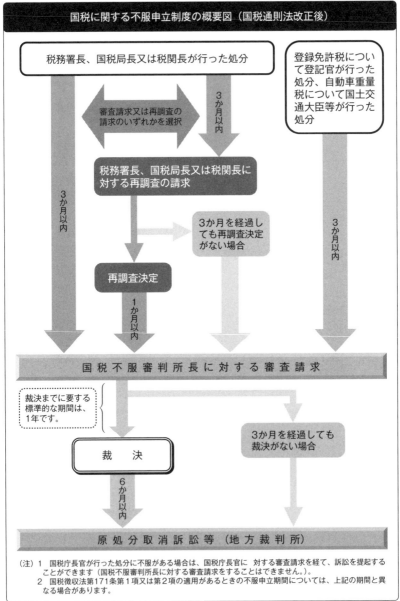

出所）国税不服審判所：「審判所ってどんなところ？～国税不服審判所の扱う審査請求のあらまし」11ページ

審査請求の審理及び結果について

「図　審査請求の流れ」を見ながら、審査請求の審理と結果を見ていきましょう。

審査請求の審理

まず、審査請求人が、処分に対する自分の言い分を記載した審査請求書を提出します。これに対して、原処分庁側が、答弁書という審査請求書に対して反論する書面を提出します。この答弁書に対して、審査請求人側でさらに再反論したいことがあれば、反論書を提出します。反論書に対して、原処分庁が意見書を出します。この反論書と意見書の提出を繰り返して、争点を明らかにして言い分を尽くします。

また、審査請求人・原処分庁ともに、言い分を裏付けるために証拠を提出します。さらに、審査請求人は、口頭で意見を述べたり、原処分庁に質問したりすることができます。他方、審判所の担当審判官からは、質問や書類の検査が行われます。この点は、**7-4**で説明する裁判とは大きな違いで、審判官が能動的に調査をします。

審査請求の裁決

このような過程を経て裁決に至り、棄却、処分の全部取消し、処分の一部取消しや変更のいずれかの再調査決定が出されます。全部取消し以外は、さらに租税訴訟（裁決書を受け取った日の翌日から6か月以内）をするかどうか検討することになります。

なお、審査請求をした日の翌日から3か月以内に裁決が出ない場合には、決定を待たずに取消訴訟をすることが可能になります。

参考までに、平成27年度における裁決のうち、主張が認められて、処分が全部または一部取消しとなったのは、8.0％であることが国税庁から発表されています（出所：国税庁「平成27年度における審査請求の概要」）。

▶ 図 【書式例】審査請求書

審査請求書（初葉）

正本

受付日付印

(注) 必ず次葉とともに、正副2通を所轄の国税不服審判所に提出してください。

※審判所整理欄　通信日付　確認印　整理簿記入　本人確認　番号確認　身元確認　身元確認（代理人）

本人確認書類　個人番号カード／通知カード・運転免許証　その他（　）

国税不服審判所長　殿

① 審査請求年月日　平成　年　月　日

審査請求人

② 住所・所在地（納税地）　〒　－　電話番号（　）
③ （ふりがな）（　）
　　氏名・名称　㊞
④ 個人番号又は法人番号

⑤ 総代又は法人の代表者
　　住所・所在地　〒　－　電話番号（　）
　　（ふりがな）（　）
　　氏名・名称　㊞

総代が互選されている場合は、総代の選任届出書を必ず添付してください。

代理人

⑥ 住所・所在地　〒　－　電話番号（　）
　　（ふりがな）（　）
　　氏名・名称　㊞

委任状（代理人の選任届出書）を必ず添付してください。

審査請求に係る処分（原処分）

⑦ 原処分庁　（　）税務署長・（　）国税局長・その他
⑧ 処分日等
　　原処分（下記⑨）の通知に記載された年月日　平成　年　月　日付
　　原処分（下記⑨）の通知を受けた年月日　平成　年　月　日

更正・決定・加算税の賦課決定などの処分に係る日付であり、再調査の決定に係る日付とは異なりますから御注意ください。

税目等	処分名	対象年分等
1 申告所得税（復興特別所得税がある場合には、これを含む。）	1 更正（更正の請求に対する更正を含む。）	
2 法人税（復興特別法人税又は地方法人税がある場合には、これを含む。）	2 決定	
	3 青色申告の承認の取消し	
3 消費税・地方消費税	4 更正の請求に対する更正すべき理由がない旨の通知	
4 相続税	5 加算税の賦課決定　a 過少申告加算税　b 無申告加算税　c 重加算税	
5 贈与税	6 その他 [　]	
6 源泉所得税（復興特別所得税がある場合には、これを含む。）	1 納税の告知	
	2 加算税の賦課決定（a 不納付加算税、b 重加算税）	
7 滞納処分等	1 督促〔督促に係る国税の税目：　　〕	
	2 差押え〔差押えの対象となった財産：　　〕	
	3 公売等〔a 公売公告、b 最高価申込者の決定、c 売却決定、d 配当、e その他（　）〕	
	4 相続税の延納又は物納〔a 延納の許可の取消し、b 物納の申請の却下、c その他（　）〕	
	5 還付金等の充当	
	6 その他〔　〕	
8 その他 [　]		

⑨ 処分名等（該当する番号を○で囲み、対象年分等は該当処分名ごとに記入してください。）

⑩ 再調査の請求をした場合
　　再調査の請求年月日：平成　年　月　日付
　　◎ 該当する番号を○で囲んでください。
　　1 再調査の決定あり　……　再調査決定書の謄本の送達を受けた年月日：平成　年　月　日
　　2 再調査の決定なし

※「審判所整理欄」には記入しないでください。

1号様式（初葉）

出所）国税不服審判所：「審査請求書」

審査請求書（次葉）

審査請求人（氏名・名称）

⑪ 審査請求の趣旨

◎ 原処分（再調査の決定を経ている場合にあっては、当該決定後の処分）の取消し又は変更を求める範囲等について、該当する番号を○で囲んでください。
なお、次の番号2の「一部取消し」又は3の「その他」を求める場合には、その範囲等を記載してください。

1　全部取消し　……　初葉記載の原処分の全部の取消しを求める。
2　一部取消し　……　初葉記載の原処分のうち、次の部分の取消しを求める。
3　その他　………　[　　　　　　　　　　　　　　　　　　　　　　　　　　　　　　]

〔一部取消しを求める範囲〕

⑫ 審査請求の理由

◎ 取消し等を求める理由をできるだけ具体的に、かつ、明確に記載してください。

⑬ 正当な理由がある場合

◎ 下記の場合には、原則として審査請求をすることができませんが、「正当な理由」がある場合には審査請求をすることができます。下記に該当する審査請求をされる場合には、「正当な理由」について具体的に記載してください。
・ 再調査の請求をした日の翌日から起算して3月を経過していない。
・ 原処分があったことを知った日（原処分に係る通知書の送達を受けた場合には、その受けた日）の翌日から起算して3月を経過している。
・ 再調査決定書の謄本の送達があった日の翌日から起算して1月を経過している。
・ 原処分に係る通知書の送達を受けた場合を除き、原処分があった日の翌日から起算して1年を経過している。

〔正当な理由〕

⑭ 添付書類

◎ 添付する書類の番号を○で囲んでください。

1　委任状（代理人の選任届出書）又は税務代理権限証書
2　総代の選任届出書
3　審査請求の趣旨及び理由を具体的に説明する資料
4　原処分の通知書の写し
5　再調査決定書の謄本の写し（再調査の決定がある場合）
6　個人番号確認書類
7　身元確認書類
8　書類の送達先を代理人とする申出書
9　その他

○ 審査請求書の記載に当たっては、別紙「審査請求書の書き方」を参照してください。
○ この用紙に記載しきれないときは、適宜の用紙に記載して添付してください。

1号様式（次葉）

7-4 税務調査の結果に不満だったら ③取消訴訟により裁判所で決着！

事例 審査請求をしましたが、棄却されてしまいました。もうここまで来たら納得のいくまで徹底的に争っていきたいと思います。もちろん、専門家に依頼する予定ですが、その前に租税訴訟というものがどういうものなのか知っておきたいので、説明をお願いします。

ポイント

☑ 取消訴訟を提起する裁判所は地方裁判所で、東京か、更正処分をした税務署と一定の場所的関係性の認められるところになります。

☑ 取消訴訟は、処分または裁決のあったことを知った日から6か月で、仮に知らなかったとしても、処分または裁決の日から1年を経過すると提起できなくなります。

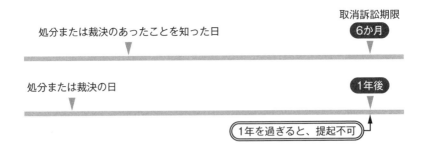

☑ 取消訴訟は、通常の民事訴訟よりも判決まで時間がかかります。

☑ 取消訴訟をしたことにより、更正処分の内容よりさらに重い結果（納税額が増える等）になることはありません。

📖 審査請求の裁決が不服だったら租税訴訟を

　審査請求の裁決に不服がある場合には、次は、裁判所に対して訴訟を提起することになります。これを一般的に租税訴訟と呼んでいます。訴訟で求める内容により租税訴訟も複数の種類がありますが、今回は、典型的な更正処分の取消しを求める訴訟を念頭に説明致します。

📖 不服申立前置主義

　7-2 でも説明しましたが、更正処分を取り消してほしいからといって、いきなり裁判所に訴え提起というのは認められていません。取消訴訟を提起するためには、審査請求手続を経る必要があります。**7-2** の「図　不服申立前置主義に則って税務署の処分（平成28年４月１日以降）を争う」にあるとおり、再調査請求→審査請求でもいいですし、いきなり審査請求でもよいですが、いずれにしろ審査請求の手続きを経る必要があります。ただ、必ずしも審査請求の裁決を待つ必要はありません。

　審査請求をしてから３か月を経過しても裁決がない場合は、取消訴訟を提起することができます。 審査請求をしてから裁決が出るまでの標準的な期間で１年ほどかかりますので、実質的には裁決を待つか待たないかの選択をすることになります。

📖 取消訴訟のスタート

　実際に取消訴訟はどのように行われるのか、手続の概略を見ていきましょう。本節の最後に、取消訴訟の訴状サンプルも載せてありますので、併せてご確認ください。

📖 取消訴訟の提起先

　裁判所には、簡易裁判所、地方裁判所、高等裁判所、最高裁判所とありますが、取消訴訟の訴え提起は、地方裁判所になります。地方裁判所は全国にありますが、全国どこでもいいというわけではありません。①東京地

方裁判所か、②処分をした税務署の所在地の裁判所、③納税者の所在地を管轄する高等裁判所の所在地にある地方裁判所になります。

たとえば、神奈川県に本社がある会社であれば、①東京地方裁判所か、②神奈川県内のどこかの税務署から処分を受けているので、横浜地方裁判所、③神奈川県を管轄している高等裁判所は東京高等裁判所なので、東京高等裁判所の所在地にある東京地方裁判所となります。

なお、高等裁判所は、札幌、仙台、東京、名古屋、大阪、広島、高松、福岡の8カ所にあります。

取消訴訟の期限

普通の民事訴訟では訴え提起の期限はありませんが、再調査請求や審査請求と同様、取消訴訟にも期限があります。この期限には2つの基準があります。

①処分または裁決があったことを知った日から6か月以内
②(知っていたかどうかに関係なく) 処分または裁決の日から1年以内

取消訴訟の審理及び結果

取消訴訟は、次の図のような構図で争います。被告となる国については、通常、法務省の訟務部に属している検察官(訟務検事)が担当します。

▶ 図　取消訴訟の審理構造

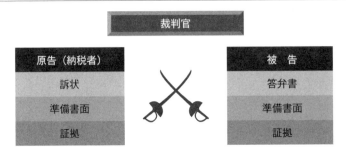

取消訴訟の審理

　取消訴訟は、処分を争う会社が地方裁判所に対して、訴状を提出するところから始まります。取消訴訟の訴状のサンプルは本節末に掲載しているとおりですので、参考にしてください。訴状には、主張を裏付ける証拠も合わせて提出します。これに対し、国からは、答弁書と証拠が提出されます。さらに、それぞれが準備書面を交互に提出していくことを繰り返し、必要に応じて証拠を提出していくことになります。租税訴訟では法律の解釈が争点となることが多く、証拠として大学教授の意見書が提出されることもあります。また、通常の民事訴訟ですと、大体1～1.5か月に1回ぐらいのペースで裁判が開かれますが、租税訴訟の場合には、準備が多いため、2か月以上間隔が空きます。

取消訴訟の判決

　通常の民事訴訟は判決まで1年弱ぐらいですが、租税訴訟では、早くても1年半くらい、2～3年かかるようなこともあります。

　判決では、納税者の主張が認められれば全部認容または一部認容、負ければ棄却となります。一部認容、棄却となった場合には高等裁判所に控訴することを検討します。

　参考までに、平成27年度における判決のうち、主張が認められて、処分が全部または一部取消しとなったのは、8.4％であることが国税庁から発表されています（出所：国税庁「平成27年度における訴訟の概要」）。

▶ 図 【書式例】取消訴訟の訴状

訴状

平成●年●月●日

●●地方裁判所　民事部　御中

　　　　　　　　　　　　　　　　原告訴訟代理人弁護士　　●●

〒●●●-●●●●

　●●県●●市

　　　　　　原　　　　　告　　株式会社●●

　　　　　　代表者代表取締役　　●●　●●

〒●●●-●●●●

　●●県●●市

　●●法律事務所（送達場所）

　電話　●●-●●●●-●●●●

　FAX　●●-●●●●-●●●●

　　　　　　　　原告訴訟代理人弁護士　　●●

〒100-8977

東京都千代田区霞が関一丁目1番1号

　　　　　　被　　　告　　　　国

　　　　　　代表者法務大臣　　●●　●●

　　　　　　処分行政庁　　　　●●税務署長　●●　●●

●●税等更正処分等取消請求事件

訴訟物の価額　金　●円

貼用印紙額　　金　●円

請求の趣旨

1 ●●税務署長が平成●年●月●日付でした原告の平成●年●月●日までの事業年度の法人税更正処分のうち、所得金額●円、納付すべき税額●円を超える部分及び過少申告加算税並びに重加算税の賦課決定処分を取り消す

2 ●●税務署長が平成●年●月●日付でした原告の平成●年●月●日までの課税期間の消費税及び地方消費税の更正処分のうち、納付すべき消費税額●円、納付すべき地方消費税額●円を超える部分及び過少申告加算税並びに重加算税の賦課決定処分を取り消す

3 訴訟費用は被告の負担とする。

との判決を求める。

請求の原因

第1 ●●

(略)

証拠方法

甲1号証 ●●

(略)

添付書類

訴状副本	1通
甲号証各写し	1通
資格証明書	1通
訴訟委任状	1通

以上

索　引

アルファベット

CA ································· 29
Confidential Agreement ················ 29
DD ································ 265
M&A ······························· 263
NDA ······························· 29
Non-Disclosure Agreement ············· 29

あ

アドバイザーの選択 ······················ 264

い

逸失利益 ······························· 110
委任契約関係 ··························· 185
遺留分 ································· 254
引用 ··································· 216

う

請書 ··································· 19
売掛金債権 ····························· 58

え

営業補償 ······························· 89
役務提供委託 ··························· 72

お

押印 ··································· 21
オプトイン ····························· 234
覚書 ··································· 19
親事業者 ······························· 71
親事業者の11の禁止事項 ················ 74
親事業者の4つの義務 ·················· 72

か

解雇権濫用法理 ························· 122
解雇通知 ······························· 126
会社法 ································· 155
買いたたきの禁止 ······················· 74
買い手先候補者の選定 ··················· 264
解約通知 ······························· 85
確認書 ································· 19
瑕疵 ··································· 66
瑕疵担保責任 ······················· 66, 67
課徴金制度 ····························· 229
株式 ··································· 189
株主間契約 ····························· 189
株主総会 ·························· 155, 156
　議事録 ······························ 172
　決議 ································ 157
　決議事項 ···························· 156
　招集手続 ···························· 157
株主代表訴訟 ··························· 186
環境型セクハラ ························· 109
間接取引 ······························· 181
監督義務 ······························· 185
管理監督者 ····························· 105

き

棄却 ··································· 278
企業秩序義務違反 ······················· 122
期限後申告 ····························· 273
議事録 ······················ 155, 163, 171
客観的に合理的な理由 ··················· 122
休業損害 ······························· 110
競業避止義務 ··························· 180
強制執行 ······························· 51
業務停止命令 ··························· 285
業務の執行 ····························· 177
協力費 ································· 74
金銭執行 ······························· 52
金銭消費貸借契約 ······················· 43

く

クレーム ································· 237

け

経営 ····································· 250
経営判断の原則 ······················· 185
景品表示法 ···························· 225
契約 ······································ 17
契約解除に伴う債務不履行の禁止
　································ 232, 235
契約自由の原則 ······················· 221
契約書 ··································· 19
契約条項の無効 ······················· 220
契約書方式 ····························· 33
契約の成立 ····························· 17
契約不更新の通知 ···················· 85
減額の禁止 ····························· 74
原状回復 ································ 88
兼職・兼業の禁止 ··················· 143
原処分庁 ······························· 275
譴責 ···································· 137

こ

合意書 ··································· 19
広告宣伝機能 ························· 207
交渉・基本合意書の締結 ·········· 265
公正証書 ································ 43
更正処分 ······························· 273
更正処分通知書 ······················ 275
顧客の意に反して契約の申込みを
　させようとする行為の禁止 ······· 232, 235
国税不服審判所 ······················ 282
個人情報 ······························· 242
個人情報取扱事業者 ················ 241
個人情報保護法 ······················ 241
個人データ ···························· 242
誇大広告等の禁止 ··········· 232, 234
固定合意 ······························· 255
混同惹起 ······························· 200

さ

催告 ····································· 59
催告書 ·································· 50
財産 ···································· 250
最終契約書の締結 ··················· 266
再調査決定 ···························· 278
再調査請求 ···························· 275
再調査請求先 ························· 276
再調査請求の期限 ··················· 276
裁判 ····································· 50
債務確認書 ····························· 59
債務名義 ································ 43
錯誤 ····································· 38
差入方式 ································ 33
差押え ··································· 59
差止請求 ······················· 202, 211
三六協定 ································ 93

し

敷金 ····································· 81
敷引き特約 ····························· 81
事業者 ································· 219
事業承継 ······························· 249
事業承継を円滑に行うための
　遺留分に関する民法の特例 ····· 254
事業評価 ······························· 264
事前通知 ······························· 270
下請事業者 ····························· 71
下請法 ··································· 71
自他識別機能 ························· 207
執行証書 ································ 43
質問調査 ······························· 271
質問調査権 ···························· 271
指定商品又は指定役務 ············· 208
私的使用のための複製 ············· 215
支払督促 ································ 52
支分権 ································· 214
借地借家法 ····························· 79
修正申告 ······························· 273

295

重大な過失	38
周知性	200
周知表示混同惹起行為	200
修理委託	72
主従関係性	216
出所表示機能	207
受領拒否の禁止	76
譲渡制限株式	171, 189
承認	59
商人	67
消費者	219
消費者契約	219
消費者契約の取消し	220
消費者契約法	41, 219
商標	207
商標権	206
商標登録	207
商標法	206
商品形態模倣行為	202
情報成果物作成委託	72
訟務検事	290
消滅時効	58
除外合意	255
職業選択の自由	143
職務専念義務	121
所定外労働時間	94
所定労働時間	94
処分の一部取消しや変更	278
処分の全部取消し	278
書面の交付義務	73
資料の準備	271
審査請求	275, 282
審査請求先	282
審査請求の期限	282
審査請求の裁決	285
審査請求の審理	285
親族外承継	251, 259
親族内承継	251, 253
深夜労働	105

信用回復措置	204
信用毀損	239

す

ストレスチェック	129
ストレスチェック制度	129

せ

請求	59
製造委託	72
税務調査	269
セクシュアルハラスメント	109
セクハラ	109
積極的広告規制	232
是認通知	272
善管注意義務	185

そ

訴訟提起	50
租税訴訟	289
措置命令	228
その他誤認されるおそれのある表示	226, 227
損害賠償	29
損害賠償請求	203

た

対価型セクハラ	109
退去妨害	221
逮捕	151
立退料	89
断定的判断の提供	220

ち

注文書	19
懲戒処分	136
懲戒処分の要件	137
直接取引	181
著作権	214

著作物	214
著名性	201
著名表示冒用行為	200
賃料減額	82

つ

通信販売	231

て

定額給制	101
定額残業代制	101
定額手当制	101
定期借家契約	80
適格消費者団体	223
デューデリジェンス	265
電子契約	37
電子契約法	37
電子消費者契約	37

と

答弁書	285
特定商取引の類型	231
特定商取引法	40, 231
特定商取引法に基づく表記	233
特別決議	157
特別利害関係	165
匿名加工情報	244
特許情報プラットフォーム	208
トップ会談	265
取消訴訟	289
取消訴訟の期限	290
取消訴訟の審理	291
取消訴訟の判決	291
取締役会	163
議事録	174
決議事項	163
決議方法	165
招集手続	166
報告事項	164

取締役会規則	167
取締役会設置会社	156
取締役会非設置会社	156
取締役の任期	178
取締役の役割	177

な

内容証明郵便	63

に

任意調査	269
任務懈怠	186

は

廃棄請求	202, 211
発注書	19
パワーハラスメント	115
パワハラ	115
販売協力金	74
反論書	285

ひ

非金銭執行	52
秘密保持契約書	29
品質保証機能	207

ふ

不実告知	220
不使用取消審判	209
不正競争防止法	197
不正競争防止法の体系	197
普通決議	157
不当な経済上の利益の提供要請の禁止	76
不当表示	226
不当要求	237, 239
不服申立前置主義	275, 289
フリーライド	197
不利益事実の不告知	221

へ
弁明の機会 ……………………………… 138
返品の禁止 ……………………………… 76

ほ
法定外労働時間 ………………………… 94
法定労働時間 …………………………… 93
保証金 …………………………………… 82
保有個人データ ………………………… 242

ま
前払式通信販売の承諾等の通知
　……………………………………… 232, 234
マタニティハラスメント ……………… 111
マタハラ ………………………………… 111
マッチング ……………………………… 264

み
未承諾者に対する電子メール広告の
　提供の禁止 ……………………… 232, 234
未承諾者に対するファクシミリ広告の
　提供の禁止 ……………………… 232, 234

む
無方式主義 ……………………………… 214

め
名誉毀損 ………………………………… 239
明瞭区別性 ……………………………… 216

も
モンスタークレーマー ………………… 237

や
役員退職慰労金 ………………………… 179
役員報酬 ………………………………… 179

ゆ
有利誤認表示 …………………… 226, 227
優良誤認表示 …………………………… 226

り
利益相反取引 …………………………… 181
リベート ………………………………… 74
利用規約 ………………………………… 40
利用条件 ………………………………… 40
利用約款 ………………………………… 40

れ
礼金 ……………………………………… 82
レピュテーション ……………………… 221

ろ
労働時間 ………………………………… 95

わ
割増賃金 ………………………………… 93

■著者プロフィール

弁護士 初澤 寛成（はつざわ ひろまさ）

- <略　　歴>2004年早稲田大学法学部卒業、2006年法政大学法科大学院卒業、2007年弁護士登録、法律事務所オーセンス、鳥飼総合法律事務所を経て、法律事務所フラッグの設立に参画、2016年4月よりTH弁護士法人（パートナー弁護士）。
- <取扱分野>各種契約書作成及びチェック、クレーム対応等法律顧問業務、取引関連訴訟、M&A等企業法務全般、未払残業代請求・解雇対応等労務問題（使用者側）、事業承継等
- <主な著書>『初級ビジネスコンプライアンス－「社会的要請への適応」から事例理解まで』（共著／東洋経済新報社）
『増資・減資・自己株式・新株予約権－法務・税務・会計のすべて』（共著／税務経理協会）

....

弁護士 大久保 映貴（おおくぼ えいき）

- <略　　歴>2008年3月大阪大学法学部卒業、2010年3月京都大学法科大学院卒業、2011年12月司法修習修了（新64期）、2012年1月鳥飼総合法律事務所入所。
- <取扱分野>エンタテインメント法務（芸能プロダクション、ゲーム会社等）等企業法務全般、経営権・支配権争い、医療法人の事業承継等

■事務所紹介

TH弁護士法人

企業法務を取り扱う法律事務所。大手税理士法人に所属する税理士と案件を共にすることにより、法務・税務双方の側面からクライアントに対するサービスを提供している。

（お問い合わせ先）
〒160-0023
東京都新宿区西新宿七丁目15番1号 アパライトビル6階
TEL：03-5937-0220／FAX：03-5937-0221

装丁	谷口 賢（タニグチ屋デザイン）	
本文デザイン・DTP	美研プリンティング	

会社を守る！
社長だったら知っておくべきビジネス法務

2016年8月24日 初版 第1刷発行

著　者	初澤 寬成（はつざわ ひろまさ）	
	大久保 映貴（おおくぼ えいき）	
発行人	佐々木 幹夫	
発行所	株式会社 翔泳社（http://www.shoeisha.co.jp）	
印刷・製本	凸版印刷株式会社	

©2016 Hiromasa Hatsuzawa, Eiki Okubo

＊本書は著作権法上の保護を受けています。本書の一部または全部について（ソフトウェアおよびプログラムを含む）、株式会社翔泳社から文書による許諾を得ずに、いかなる方法においても無断で複写、複製することは禁じられています。

＊本書へのお問い合わせについては、2ページに記載の内容をお読みください。

＊落丁・乱丁はお取り替えいたします。03-5362-3705までご連絡ください。

ISBN978-4-7981-4521-1　　　　　Printed in Japan